Penser et écrire
l'Afrique aujourd'hui

Penser et écrire l'Afrique aujourd'hui

Sous la direction d'Alain Mabanckou

Achille Mbembe
Célestin Monga
Françoise Vergès
Séverine Kodjo-Grandvaux
Souleymane Bachir Diagne
Dominic Thomas
Pascal Blanchard
François Durpaire
Rokhaya Diallo
Alain Mabanckou
Lydie Moudileno
Abdourahman Waberi
Dany Laferrière
Maboula Soumahoro
Gauz
Dieudonné Niangouna
Lucy Mushita
Sami Tchak
Marc Alexandre Oho Bambe

ÉDITIONS DU SEUIL
25, bd Romain-Rolland, Paris XIVe

ISBN 978-2-02-134666-4

www.seuil.com

Introduction

Labourer de nouvelles terres

Lorsque j'appris mon élection comme professeur invité au Collège de France à la chaire de « création artistique » pour l'année 2015-2016, ma première idée fut naturellement – parce que je suis un écrivain devenu professeur et non le contraire – de proposer à cette auguste institution des cours sur les « ateliers d'écriture ». Si cette discipline est certes peu dispensée dans les universités françaises, elle semble avoir le vent en poupe ces dernières années. De nombreux auteurs, François Bon en tête, contribuent à sa vulgarisation[1].

En même temps, comment pouvais-je entrer directement dans la « technique » de l'écriture sans me soucier avant tout de mes « origines », celles puisées dans cette littérature africaine née du refus des canons imposés par les lettres européennes dans lesquelles l'Africain n'était qu'un comparse muet, rabaissé, accompagnant l'Européen dans ses aventures les plus exotiques et ne s'exprimant que par des onomatopées ?

J'ai par conséquent suggéré au Collège d'enseigner une introduction à l'écrit en français provenant de l'Afrique noire, espace perçu de nos jours comme le théâtre des guerres ethniques, des dictatures, des républiques bananières malgré « les soleils des

1. François Bon, *Tous les mots sont adultes. Méthode pour l'atelier d'écriture*, Paris, Fayard, 2005 ; *Outils du roman. Avec Malt Olbren sur les pistes et exercices du creative writing à l'américaine*, CreateSpace Independent Publishing, Platform, 2016.

indépendances » des années 1960 qui avaient sonné l'heure de l'émancipation de ces nouveaux États dont les frontières avaient été tracées par les anciennes puissances coloniales européennes lors de la fameuse conférence de Berlin qui eut lieu entre le 15 novembre 1884 et le 26 février 1885.

Si pour moi il était évident que l'histoire de France était aussi cousue de fils noirs par des mains d'ébène, je découvris avec surprise que la littérature africaine n'avait fait l'objet d'aucune chaire spécifique depuis la création du Collège de France par François Ier, en 1530, à cette époque où, comme j'allais le rappeler dans ma leçon inaugurale du 17 mars 2016, j'étais encore un esclave et qu'en Sénégambie par exemple, un cheval valait de six à huit esclaves noirs [1]...

La colonisation, précisai-je dans la même leçon, avait accouché d'une littérature dite « nègre » revendiquant une parole interdite ou confisquée par l'Occident, permise parfois sous tutelle ou sous le couvert d'une certaine aliénation culturelle jusqu'à la franche rupture née de la *négritude*, des mouvements anticolonialistes et des indépendances.

Afin d'illustrer la variété et la richesse de cette production, je décidai d'organiser toute la journée du 2 mai 2016 un colloque intitulé « Penser et écrire l'Afrique aujourd'hui », une idée bien accueillie par les plus grands chercheurs, écrivains et penseurs de la « postcolonie » qui s'étaient déplacés d'Afrique, du Canada, d'Haïti, d'Europe et dont les textes sont réunis ici.

Mon souhait était que ce colloque résonne comme un appel à l'avènement des « études africaines » en France – un vœu appuyé d'ailleurs dans cet ouvrage par Dominic Thomas dans son texte « L'Afrique à l'université américaine » et qui s'interroge sur le retard pris par la France dans la place à accorder aux études postcoloniales pendant qu'en Amérique presque toutes les

1. Alain Mabanckou, *Lettres noires. Des ténèbres à la lumière*, Paris, Fayard/Collège de France, 2016.

universités les ont reconnues et les considèrent comme un des champs de recherche les plus dynamiques et les plus prometteurs.

Le colloque, qualifié par la presse d'« historique », eut un retentissement et une affluence extraordinaires : comme pour ma leçon inaugurale, plus de mille auditeurs avaient rempli l'amphithéâtre Marguerite de Navarre et les salles attenantes du Collège d'où on pouvait suivre les interventions de mes invités à travers des écrans géants [1].

Il n'y a plus de doutes : en France le public a une longueur d'avance considérable sur les institutions qui, elles, pour l'heure, ne perçoivent toujours pas qu'en ouvrant les pages des lettres et de la pensée africaines c'est aussi ce pays lui-même qui se regarderait dans un miroir. Est-ce la crainte du reflet ou simplement l'éternel confort de l'immobilisme académique qui, à la longue, finira par atrophier et marginaliser la pensée et la littérature françaises sur le plan international où l'imaginaire en français est de plus en plus représenté par des créateurs et des penseurs venus d'ailleurs ?

À une époque où des politiciens de premier plan estiment sérieusement que « le drame » des Africains est lié au fait que ceux-ci ne sont pas « entré[s] dans l'Histoire [2] » – comme nous le rappelle ici le grand économiste et penseur camerounais Célestin

1. Valérie Marin La Meslée, « Penser l'Afrique, un colloque déjà historique », *Le Point*, 2 mai 2016 ; Virginie Cresci, « On a suivi la "messe africaine" de Mabanckou au Collège de France », *BibliObs*, 7 mai 2016 ; Célia Sadaï, « Un colloque en 4 rounds au Collège de France », *Africultures*, 4 mai 2016 ; Achille Mbembe, « Plaidoyer pour une politique de l'humanité », France Culture, 3 mai 2016.

2. Le 26 juillet 2007, Nicolas Sarkozy, alors président de la République française, affirma dans son fameux « discours de Dakar » que la colonisation fut une faute, mais il estima que le « drame de l'Afrique » vient du fait que « l'homme africain n'est pas assez entré dans l'Histoire. [...] Le problème de l'Afrique, c'est qu'elle vit trop le présent dans la nostalgie du paradis perdu de l'enfance. [...] Dans cet imaginaire où tout recommence toujours, il n'y a de place ni pour l'aventure humaine ni pour l'idée de progrès ».

Monga dans « Penser la famine et la peur » –, ce colloque aura permis de tracer de nouvelles pistes de pensée et d'écriture du continent – voire, *sur* ce continent. Au demeurant, et cela devrait être clair et répété : l'Afrique n'a pas à entrer dans l'Histoire : elle est l'Histoire. Et son drame, justement, n'en déplaise à certains, c'est de n'être jamais sortie d'une histoire tronquée, unilatérale, écrite par procuration par le maître ou racontée avec une voix camouflée par celles et ceux qui n'ont sans doute jamais lu « Le lion abattu par l'homme » de Jean de La Fontaine (et par ricochet, d'Ésope) :

On exposait une peinture
Où l'artisan avait tracé
Un lion d'immense stature
Par un seul homme terrassé.
Les regardants en tiraient gloire.
Un lion en passant rabattit leur caquet.
« Je vois bien, dit-il, qu'en effet
On vous donne ici la victoire ;
Mais l'ouvrier vous a déçus :
Il avait liberté de feindre.
Avec plus de raison nous aurions le dessus,
Si mes confrères savaient peindre. »

En somme, le continent noir n'est plus l'apanage de ceux qui se complaisent dans son malheur et le prennent pour la devanture de leur boutique politique. L'Afrique, qui a désormais ses « peintres », a dorénavant les yeux rivés vers le monde et, pour paraphraser le titre du texte de la philosophe Séverine Kodjo-Grandvaux, « penser l'Afrique, c'est penser le monde », j'ajouterai que le contraire aussi n'est plus du tout une aberration, mais un « effet de miroir ».

Penser l'Afrique c'est se demander avec l'un des plus grands théoriciens actuels de la postcolonie, le philosophe et politologue camerounais Achille Mbembe, quelles sont « les grandes lignes de fracture ou encore les grands antagonismes qui nous donnent l'impression de vivre un moment particulièrement agité de l'histoire de notre monde ; qui nous donnent le sentiment inquiet d'être face à des choix irréconciliables, ou encore de vivre une histoire qui se décline désormais sur le mode du désordre et du fracas ». C'est aussi, poursuit-il, relever le défi de notre temps qui consiste à savoir « quelle langue et quelle écriture seront capables de restituer à l'Afrique sa force, sa puissance propre en même temps que sa figure-monde ». Ce que le philosophe sénégalais Souleymane Bachir Diagne, professeur à la Columbia University (New York), rappelle également, nous incitant à « penser de langue à langue », à analyser cette Afrique au-delà de sa réalité continentale. Il est par conséquent urgent d'intégrer dans cette réflexion générale, comme insiste l'historienne Françoise Vergès, les « Afriques océaniques et liquides » constituées de fleuves, de lacs, d'estuaires, de bassins, de golfes, de mers, etc.

Penser l'Afrique, c'est également regarder cette « France noire » décortiquée ici par ses spécialistes les plus éminents. Pascal Blanchard par exemple prône une autre lecture de l'histoire de France et, écrit-il, « ce n'est pas une chimère, un désir de bien-pensance, un bla-bla du vivre-ensemble, c'est tout simplement prendre conscience que cette France noire est partie prenante de nous-mêmes et du grand récit national ».

Son collègue François Durpaire ou encore l'universitaire Maboula Soumahoro s'interrogent respectivement sur « l'existence » de ces Noirs de France et sur comment écrire l'Afrique depuis la France d'aujourd'hui. Quant à la journaliste et réalisatrice Rokhaya Diallo, elle revient sur la visibilité (ou l'invisibilité) des « minorités » dans les médias français, loin bien sûr de l'attitude du « sanglot de l'homme noir », car ce qui est essentiel, c'est la résolution urgente de réécrire cette histoire de « toutes les Frances », hétéroclite, métissée, à l'opposé de l'image triste, pâle et « judéo-chrétienne » surannée.

Il s'agit, en fin de compte, de « labourer » de nouvelles terres et d'y enfouir des graines qui germeront demain. Dans ce sens, les écrivains deviennent les hérauts de cette besogne – et Lydie Moudileno, dans « Penser l'Afrique à partir de sa littérature », constate à juste titre que si le continent « demeure "fantôme" pour certains, les nouvelles écritures et lectures de l'Afrique ont transformé les modalités de sa présence dans les imaginaires ».

Pour Abdourahman Waberi, ceux qu'il appelle les « enfants de la postcolonie » défient de plus en plus « fervemment le canon occidental à l'instar des essayistes talentueux que sont Edward Saïd et Édouard Glissant ». Ce souci de l'éclatement de l'imaginaire s'observe à travers l'Histoire chez l'Haïtiano-Canadien et académicien français Dany Laferrière qui, en prenant pour appui la genèse de la littérature d'Haïti – première république noire –, montre combien l'écrivain est un bâtisseur de « mythologies » et que nous ne pouvons plus fermer les yeux devant le visage métamorphosé du monde : « Il se construit quelque chose de nouveau : un élargissement du territoire », conclut-il.

Oui, l'écrivain africain n'est pas à l'écart de l'Histoire. S'il doit imposer son « je » face au « nous » envahissant ainsi que le remarque le Togolais Sami Tchak, il lui plaît parfois de noter combien certains silences peuvent relever de l'hypocrisie de l'intelligentsia française. Se souvient-on encore par exemple que le grand-père de Roland Barthes, Louis-Gustave Binger, explorateur de la boucle du Niger, a « donné » la Côte d'Ivoire à la France ? Le romancier ivoirien Gauz excelle alors d'humour dans un texte à la fois parlé, hurlé, iconoclaste et intitulé « Les rêves de Kong de Binger » et qui fit sensation au moment de sa lecture au Collège de France où justement officia Roland Barthes.

Comment « jouer » cette Afrique, l'exposer sur la scène et la déclamer ? Les nouveaux dramaturges comme Dieudonné Niangouna – ou même des slameurs comme Marc Alexandre Oho Bambe – s'y attellent avec succès, donnant à voir un continent où la Parole et le mouvement corporel avaient jusqu'à présent été soit dissociés, soit sous-estimés alors qu'ils incarnent l'acte de résistance par excellence.

Écrire l'Afrique, c'est aussi redéfinir la place de la femme africaine comme le réclame la romancière zimbabwéenne Lucy Mushita qui fustige les préjugés et les fantasmes occidentaux sur la « gazelle africaine » qu'il faudrait un jour ou l'autre arrêter de tutoyer, de l'appeler « ma blonde », « ma gazelle » ou toute autre appellation « à la con ». Et pour que cela soit clair, elle s'exclame : « Eh oui, il arrive qu'une Africaine soit aussi une écrivaine ! »...

Penser et écrire l'Afrique reviennent à orienter ce continent vers la culture de la rencontre et de la courtoisie chère au poète de Sainte-Lucie, Derek Walcott. Celui-ci ne nous invitait-il pas déjà à assumer notre diversité malgré « ces legs tout fendus dont la restauration révèle les cicatrices blanches[1] » ? Et le même Walcott, hostile aux larmoiements, nous prévenait parallèlement que « nos ancêtres eux-mêmes ont été complices, nous ne pouvons plus nous venger sur personne. C'est cette honte-là qui nous déchire. Et la terre ne nous appartient pas du simple fait qu'on nous l'a fait labourer[2] ».

Alain Mabanckou

1. Derek Walcott, *Café Martinique*, Monaco, Le Rocher, 2004, traduction de B. Donner, p. 95.
2. *Ibid.*, p. 16.

Penser

L'Afrique qui vient

par Achille Mbembe

Peut-être faudrait-il commencer par ces questions en apparence simples : Où en sommes-nous ? Qu'est-ce qui nous arrive et où allons-nous ? Quelles sont les grandes lignes de fracture ou encore les grands antagonismes qui nous donnent l'impression de vivre un moment particulièrement agité de l'histoire de notre monde ; qui nous donnent le sentiment inquiet d'être face à des choix irréconciliables, ou encore de vivre une histoire qui se décline désormais sur le mode du désordre et du fracas ?

La fracture démographique

De tous les méga-processus en cours, le plus lourd de conséquences est sans doute le repeuplement – en cours – de la planète. À l'horizon 2040, deux continents rassembleront près des deux tiers de l'humanité. À partir de 2050, le basculement démographique de l'humanité au profit du monde afro-asiatique sera un fait accompli. La planète sera divisée en deux mondes – un monde de vieillards (Europe, États-Unis, Japon et des parties de l'Amérique latine) et un monde émergent, qui abritera les populations les plus jeunes et les plus nombreuses de la planète (l'Afrique en particulier). Comment transformer ce dividende démographique en ressources pour la création de nouvelles richesses ?

Le vieillissement accéléré des grands ensembles humains des riches nations du monde représente un événement d'une portée considérable. Il est l'inverse des grands ébranlements provoqués par les excédents démographiques typiques du XIXe siècle, l'exemple de la colonisation. La distance géographique en tant que telle ne représente plus un obstacle insurmontable à la mobilité. Des dispositifs chaque fois plus sophistiqués de contournement des frontières voient le jour. À l'épreuve des nouvelles circulations internationales apparaissent, petit à petit, et sur l'ensemble de la planète, divers assemblages de territoires mosaïques qui n'ont presque plus rien de commun avec la forme État-nation qui sert encore de pilier central de l'organisation politique de notre monde.

Les paradoxes de la mobilité et de la circulation

Il faut comprendre ce que l'on appelle « les migrations » à l'aune de ces facteurs démographiques de long terme. Encore faut-il en ajouter d'autres, d'ordre environnemental, économique et politique. Le fait est qu'au-delà des « migrations » en tant que telles, c'est d'un processus de *repeuplement du monde* qu'il faut parler. Les « migrations », légales ou illégales, n'en sont que l'une des manifestations. Une nouvelle ère de circulation des populations est ouverte, dont l'Afrique a annoncé, au début de l'âge moderne, la venue.

Ces vastes mouvements de populations iront s'accélérant. L'Europe n'en est pas l'unique destination. Le *gouvernement du mouvement* constitue, au même titre que la crise écologique, l'un des défis majeurs du XXIe siècle. Au demeurant, la vieille catégorie politique de la « souveraineté » (le droit de décider de qui doit être mis à mort) se confond désormais avec le droit de décider de qui peut bouger et à quelles conditions. Le phénomène de l'*exode de masse* (conséquence des désastres politiques, des catastrophes écologiques ou des guerres de rapines, d'occupation ou d'extermination) est le spectre qui hante désormais les frontières.

Davantage encore, au cœur du repeuplement en cours de la Terre ne se trouvent pas uniquement les humains. Les occupants de ce monde ne se limitent plus aux seuls êtres humains. Plus que jamais, ils incluent toutes les autres espèces vivantes, organiques et végétales. Il n'y a pas jusqu'aux forces géologiques, géomorphologiques et climatologiques qui ne complètent la panoplie des nouveaux habitants de la Terre. Il s'agit d'agents et de milieux de vie – l'eau, l'air, l'atmosphère, la poussière, les insectes, les microbes, les abeilles, les termites, les arbres, tous auteurs de relations spécifiques. Nous sommes donc passés de la condition humaine à la *condition planétaire*.

Contraction du monde et violence des frontières

Dans le cadre de la forme État-nation, la frontière sépare l'ici de l'Ailleurs. Elle a pour fonction de protéger le dedans de la menace potentielle que représente le dehors. C'est également la frontière qui rend possible la discrimination entre le citoyen (protégé par le droit et par l'État) et l'intrus (livré au risque de la déportation). Or, face au phénomène de l'exode de masse, toute frontière devient poreuse. Le mur et le fil de fer barbelé ne suffisent pas. Encore moins la militarisation des océans. Tout concourant, en cette époque, à l'imbrication de l'Ailleurs et de l'ici, nous n'en sommes donc qu'au début de la crise de l'idée même de frontière.

Au demeurant, *la violence aux frontières et par les frontières* tend à devenir un des traits marquants de la condition contemporaine. Elle est une forme relativement circonscrite de la violence de la guerre. Cette forme nouvelle de la guerre n'oppose pas une armée à une autre. Elle est une guerre menée par des bureaucraties civiles relativement invisibles, mais transformées en agences policières au nom de l'anticipation des risques. Comme toute guerre, celle-ci est menée avec l'intention de causer des dommages réels et pas fictifs. Il s'agit d'une guerre non pas entièrement externe, mais menée pour l'essentiel *hors les murs* de la cité.

La réactivation des frontières est donc l'une des réponses (de court terme) au processus (en temps long) de repeuplement du monde. Elle aggrave les contradictions résultant de la contraction de la planète. En effet, notre monde – contrairement lau monde de la période des « découvertes », au monde colonial des explorations, des implantations et des conquêtes – est devenu très petit. Il n'est plus extensible à l'infini. C'est un monde fini, traversé de part en part par toutes sortes de flux incontrôlés, voire incontrôlables, des mouvements migratoires, des mouvements de capitaux liés à la financiarisation extrême de nos économies et aux forces de l'extraction qui dominent la plupart d'entre elles, notamment au Sud. Il faut ajouter, à tout cela, les flux immatériels portés par l'avènement de la raison électronique et digitale, l'accélération des vitesses, le bouleversement des régimes du temps.

Tout cela favorise un enchevêtrement inédit de l'intérieur et de l'extérieur. Il est désormais impossible de prétendre vivre en sécurité ici quand en même temps l'on ne cesse de fomenter le désordre et le chaos ailleurs, rendre la vie invivable pour ceux qui vivent loin de nos murs. Ce chaos et ce désordre nous reviendront à la manière d'un boomerang, sous la forme des attentats, et, conséquence, la pulsion autoritaire chez nous-mêmes, la demande de fascisme et le désir d'apartheid, le retour à la loi et à l'ordre que l'on observe à peu près partout.

La sortie de la démocratie

Nous en sommes donc à un moment de l'histoire du monde au cours duquel la question des rapports entre l'ordre et la violence, la violence et le droit, le droit et la justice, la justice et la liberté, la liberté et l'égalité, l'égalité et la sécurité, toute cette chaîne de questions est de nouveau à l'ordre du jour. Et si, hier, c'est au sein de l'État-nation et dans le cadre de la démocratie de type libéral que cette chaîne de questions était prise en charge, voire trouvait un début de résolution, tel n'est manifestement plus le cas aujourd'hui.

Nous avons une vision assez partiale de l'histoire de la démocratie. Constitutivement, la démocratie sous sa forme libérale a deux corps. D'un côté un corps diurne, presque solaire, que l'idéologie post-1990, après la chute du bloc communiste, a magnifié. De l'autre côté, un corps nocturne, lié à la séparation entre un ici et un Ailleurs – Ailleurs où l'on peut tout se permettre : piller, exploiter, commettre des atrocités, brutaliser tout en jouissant de toutes sortes d'immunités. C'est un Ailleurs où l'on peut décharger ou externaliser la sorte de violence qui, si elle était exercée à l'intérieur de nos États, déboucherait sur la menace de la guerre civile.

On l'a vu lors du moment colonial. Le colonialisme d'extermination ou d'élimination repose non pas tant sur l'exploitation des colonisés que sur le déploiement de la mort comme mode de gouvernement. La démocratie, historiquement, n'échappe pas entièrement à cette même tentation qui consiste à exposer les ennemis à toutes sortes de risques mortels. Le risque, c'est quand le régime autrefois réservé aux colonies est rabattu sur le territoire national lui-même, c'est-à-dire quand on commence à pratiquer chez soi, à l'encontre de ses propres sujets, ce qui jusqu'à présent n'était toléré que contre les étrangers et autres sujets lointains.

On le voit aujourd'hui au détour de la guerre contre le djihadisme – l'abrogation de certains droits, la proclamation de l'état d'exception, la transformation policière de l'ensemble des mécanismes de gestion du quotidien. Dans cette phase néolibérale de nos vies, les deux corps de la démocratie, le corps diurne et le corps nocturne, que l'on avait coutume de séparer, sont en train de faire jonction, au moment où s'effacent les frontières objectives entre l'ici et l'ailleurs. D'où le glissement autoritaire des démocraties.

Mais il y a d'autres dangers plus graves encore. Les démocraties libérales sont fondées sur une idée de l'identité pensée en termes de racines, d'autochtonie. Est membre de la communauté politique celui qui est né ici, qui est du lieu. Le citoyen se confond de manière générale avec l'autochtone. L'étranger peut devenir citoyen s'il accepte de s'« autochtoniser », mais c'est un processus singulièrement compliqué, qui n'est pas ouvert à tous. Au demeurant, les tentatives de constitutionnalisation de la déchéance de nationalité montrent qu'il n'est pas irréversible non plus. Or on sait bien qu'être né quelque part ou de quelqu'un relève de l'accident et non d'un choix. Mais dans le nouvel imaginaire démocratique libéral, cet accident relève au fond d'un destin auquel l'on est condamné.

La conscience de ce monde petit et fini, c'est-à-dire limité, exacerbe le sentiment selon lequel, pour se protéger, il suffit de réactiver les frontières, construire des murs et séparer ; le sentiment selon lequel nous ne serions plus entourés d'adversaires, mais d'ennemis qui nous en voudraient, à nous et à nos valeurs.

La grande tension de notre époque est la tension entre le désir de capitulation et le désir d'insurrection. Ces deux pulsions, celle de l'abdication et celle de l'insurrection, s'expriment ici et là, sous des formes tout à fait viscérales.

L'Afrique qui vient

Comment, dans ce contexte, penser l'Afrique qui vient ?

Et d'abord que faut-il entendre par le terme « Afrique » ? Il y a en effet des noms qui, ne renvoyant guère à la chose, passent par-dessus ou à côté d'elle. Ils jouent une fonction de défiguration et de travestissement. C'est la raison pour laquelle la chose, la vraie, tend à résister aussi bien au nom qu'à toute traduction.

Non pas parce que la chose serait revêtue d'un masque, mais parce que sa force de prolifération et de dissémination est telle que tout qualificatif devient tout à coup superflu.

Quand on dit l'« Afrique », de quoi parle-t-on véritablement ? Existe-t-elle seulement ? S'agit-il d'un simple accident géographique ? Ou alors n'a-t-on affaire qu'à cette sorte d'entité fourre-tout, vaseuse et sans poids ni relief historique, au sujet de laquelle n'importe qui peut à peu près dire n'importe quoi sans que cela prête à aucune conséquence – « l'Afrique proprement dite » dont traita récemment Hegel ? Ou encore ne fait-on référence qu'à cette poussière d'États-croupions, rongés par la guerre ethnico-vénale, la dictature sauvage, la brutalité et la corruption, ensemble insignifiant que l'on pourrait affubler d'un nom inventé pour autre chose par l'écrivain congolais Sony Labou Tansi : « l'État honteux [1] » ?

En vérité, et pour ce qui nous concerne, rien de tout cela. L'Afrique a toujours été un concept, une idée et un projet. Puisqu'il n'y a guère d'histoire de l'Afrique qui ne soit en même temps une histoire du monde tout comme il n'y a guère d'histoire du monde qui ne soit en même temps une histoire d'Africains ou de leurs descendants, ce projet a toujours été planétaire [2]. Tel était le cas hier, tel est le cas aujourd'hui.

La quête hégémonique n'a certes pas disparu. Les rapports de puissance continuent de structurer la vie des peuples et des nations. À l'échelle du monde, les vieilles hiérarchies restent en place. Mais une autre géographie du monde est en train de se dessiner. Qu'on le veuille ou non, il n'existe plus de scène périphérique. Pour accompagner la naissance de cette nouvelle histoire mondiale – planétaire mais décentrée –, l'Afrique a besoin de s'écrire elle-même. Elle n'adviendra à elle-même et à son concept qu'en redéchiffrant ses archives, dans toute leur

1. Sony Labou Tansi, *L'État honteux*, Paris, Seuil, 1981.

2. Cf. W. E. B. Du Bois, *The World and Africa*, 1946 ; *The World and Africa, an Inquiry of the Part Which Africa Has Played in World History* (1947).

profondeur et leur complexité, à partir du postulat selon lequel elles ne sont guère séparées des archives du monde en général. Pour cela, il nous faudra partir d'une idée simple, celle de la *circulation des mondes*. Car sans elle, il ne nous sera pas possible de faire de l'Afrique elle-même une catégorie géoesthétique et encore moins un projet philosophique.

Pour penser l'Afrique qui vient, il nous faudra résolument sortir de l'impasse dans laquelle le paradigme du développement – qui aura colonisé notre imaginaire au cours des cinquante dernières années – nous aura enfermés. Nous en sortirons en développant, à partir de l'Afrique elle-même, une véritable pensée-monde.

Circulation des mondes et condition planétaire

Dans cette perspective, la nouvelle hypothèse historique consisterait à lire désormais l'Afrique à partir de sa capacité potentielle ou effective à devenir non seulement son centre propre, sa force propre, mais aussi le lieu où se joue, d'une certaine manière, l'avenir même de la planète.

Il ne s'agit plus d'aller chercher ailleurs des solutions aux questions que l'Afrique nous pose. Il ne s'agit pas non plus de confondre les terrains, d'opérer des détours par d'autres pensées pour pouvoir enfin éprouver à quel point la pensée européenne est le produit d'une histoire particulière. Qu'elle est le produit d'une histoire particulière, on le sait déjà. Ce que l'on sait moins, c'est qu'elle ne l'est pas seulement. Elle n'appartient pas seulement à l'Europe. Nous en sommes également les coauteurs.

Il s'agit donc, véritablement, d'habiter tous les faisceaux de notre monde, le seul que nous avons ; de traverser de manière aussi responsable que possible tous ces faisceaux, comme les ayants droit que nous sommes, mais dans un rapport total de liberté et, là où il le faut, de détachement. Il s'agit de revenir à l'Histoire si tant est que cette dernière est, avant tout, un exercice de lucidité. Ressource qui permet de vivre et d'agir dans et sur notre temps, elle est aussi et surtout cela qui nous permet de « réinventer des formes de liberté, y compris dans l'épreuve [...] en mettant à la disposition de tous ce qui, dans le passé, a été riche d'avenir, en exposant ce que l'on pourrait appeler ses "potentialités inadvenues"[1] ».

Dans ce processus qui implique de la circulation, de la traduction, du conflit et des malentendus aussi, il y a des questions qui se dissolvent d'elles-mêmes, et cette dissolution autorise qu'émergent, dans une relative clarté, des exigences communes ; des exigences sinon d'une possible universalité, à tout le moins d'un nouveau sens de l'en-commun. C'est donc cette possibilité de circulation et de rencontre d'intelligibilités différentes que requiert la pensée-monde.

L'Europe a développé dans le passé une pensée-monde, lors de la période dite des découvertes, lorsqu'elle est sortie de ses frontières, s'en est allée aux Amériques, en Afrique, dans les ports de la Chine du Sud, en Inde et ainsi de suite. Mais elle n'a pas voulu reconnaître qu'il y a des histoires parallèles, des chronologies du monde qui ne commencent pas nécessairement avec Adam et Ève, puis les Grecs et les Romains. Même lorsqu'elle a été confrontée à la réalité selon laquelle il n'y a pas qu'Athènes et Jérusalem, elle n'a guère voulu la reconnaître et a préféré fermer les yeux dans cette sorte de déni dont elle semble avoir le secret. C'est à ce moment qu'elle a fondé l'anthropologie – un mode explicatif qui repose sur la conviction qu'il existerait des peuples sans histoire ; des peuples qui ne feraient pas de distinction entre la nature et la culture ou encore entre la nature et la société ; des peuples vivant à l'état naturel et pratiquant le culte des faux dieux.

Après la décolonisation, l'Europe s'est recroquevillée sur elle-même et a graduellement perdu sa capacité à développer une pensée à la dimension du monde. Aujourd'hui, cette pensée nous vient en très grande partie du Sud.

1. Patrick Boucheron, *Le Nouvel Obs*, n° 2696, 7-13 juillet 2016, p. 70.

Pensée-monde comme pensée de la traversée

Dans l'élaboration de cette pensée-monde, l'on est obligé de passer par cette archive européenne qui, au demeurant, contient une part de nous-mêmes ; et dont nous sommes d'ailleurs, à plusieurs égards, les coauteurs. La question n'est pas de faire un détour, aussi opportun soit-il, par cette archive. Il faut habiter cette tradition, puisque, de toutes les façons, elle ne nous est pas étrangère et nous n'y sommes point des étrangers. Il nous faut donc habiter plusieurs mondes en même temps, non dans un geste d'écart, mais de va-et-vient, qui autorise l'articulation d'une *pensée de la traversée, de la circulation.*

À l'origine de la philosophie européenne se trouve la question de *l'être* – l'un de ses grands philosophèmes. Quand on dit : « le verbe s'est fait chair », de quel verbe s'agit-il sinon du verbe « être » ? La question de l'être et de l'identité, c'est, au départ, du moins chez les Grecs, une question ontologique. Dans les traditions africaines antiques, le point de départ de l'interrogation philosophique, ce n'est pas la question de l'être, mais celle de *la relation* ; *des nœuds* ; *des potentiels de situation* ; des processus de traversée, de transformation continue.

Il n'y a pas de transformation sans recours à une sorte d'intelligence rusée – une intelligence de la détection – qui exige du sujet qu'il soit constamment éveillé, attentif aux circonstances qui ne cessent de changer. Et, dans le flot du changement incessant, qu'il saisisse au plus près du réel la propension des choses. Être constamment aux aguets, à l'affût pour détecter les potentiels de situation, les ressources à même la situation, voilà qui importe plus que la question de l'être en tant que telle. Ce que l'on est et ce que l'on devient est le résultat de notre capacité à exploiter les potentiels de situation. L'action est toujours momentanée, provisoire. L'action efficace se mesure à sa capacité à participer de la transformation silencieuse, presque métamorphique et compositionnelle des choses et de la vie. Il y a donc là un élément de *plasticité* assez remarquable, qui n'est pas du tout passivité et qui induit des situations paradoxales de *transformation sans rupture, de transformation dans la continuité* – ce qui suppose un art consommé de travail avec les contraires, à partir des contraires considérés eux-mêmes comme des ressources.

La circulation des mondes

Pour mettre au jour les énormes possibilités dont le temps actuel est porteur pour le Continent, il nous faut donc opérer un important changement d'hypothèse historique. Pour que l'Afrique advienne véritablement à son Idée, et pour que cette Idée se manifeste dans sa pure clarté en tant que force et puissance propre, il nous faudra aussi réveiller l'énorme potentiel d'imagination qui sommeille, « sortir de la grande nuit » et nous hisser, de par notre force propre, à hauteur du monde.

Le Continent est en passe de devenir le centre de gravité d'un cycle nouveau de migrations planétaires. Les Chinois s'installent au cœur de ses grandes métropoles et jusque dans ses bourgades les plus reculées, tandis que des colonies commerçantes africaines s'établissent dans plusieurs mégalopoles d'Asie. Dubaï, Hong Kong, Istanbul, Guangdong et Shanghai prennent le relais des grandes destinations euro-américaines. Des dizaines de milliers d'étudiants s'en vont en Chine tandis que le Brésil, l'Inde, la Turquie et d'autres puissances émergentes frappent à la porte. Une extraordinaire vernacularisation des formes et des styles est en cours, et elle est en train de transformer les grandes villes africaines en capitales mondiales d'une imagination à la fois baroque, créole et métisse.

Mais il faut aller plus loin. Il faut abolir les visas. Il faut avancer vers une plus grande transnationalisation de la société, de la vie intellectuelle, culturelle et artistique. Il faut se doter de projets infrastructuraux de grande envergure (autoroutes régionales, chemins de fer régionaux, ports et aéroports internationaux) susceptibles de tisser des réseaux de communication qui transcendent les frontières nationales. Il faut faciliter la circulation des marchandises et des cerveaux, encourager la constitution d'un espace public afropolitain. Bref, il faut désenclaver si l'on veut effectivement donner sa chance à cette Afrique-Monde en gestation. Car, la politique du futur africain sera, de prime abord, une politique de la déclosion et de la circulation.

C'est adossé à cette perspective historique et culturelle de longue durée qu'il faut penser les termes du développement transrégional ; qu'il faut avancer vers une plus grande transnationalisation de la société, de la vie intellectuelle, artistique et culturelle. Car en l'absence d'un tel projet positif, nous sombrerons très vite dans des querelles de clocher – le national-chauvinisme à la petite semaine, les tares du nativisme, de l'homophobie et des idéologies de l'autochtonie, l'illuminisme et le caractère profane des attitudes religieuses, le profond mépris de soi et des gens de son espèce, la peur de l'étranger.

Le défi de notre temps est par ailleurs de savoir quelle langue et quelle écriture seront capables de restituer à l'Afrique sa force, sa puissance propre en même temps que sa figure-monde. Or justement, une telle langue et une telle écriture devront se laisser habiter et porter par l'ensemble du vivant. Elles devront, pour ce faire, explorer non des essences immuables, mais les failles et les interstices, car c'est à partir de ces lieux d'intersection que se tissent les nouveaux assemblages, qu'il s'agisse des nouvelles figures métropolitaines, des nouvelles formes stylistiques ou encore des nouvelles imaginations du futur.

Au demeurant, une partie de la puissance des arts africains contemporains vient de leur puissance de dématérialisation, de leur capacité à habiter le sensible justement dans le but de le transformer en idée et en événement. Toute politique du futur africain devrait restituer à l'art son statut de zone à hauts risques. On peut toujours essayer, mais l'infini ne peut être capturé ni dans une forme, ni dans le fini. Il nous faut donc garder cette idée d'un infini qui excède toute forme même si, de temps à autre, il transite par la forme, c'est-à-dire par le fini. J'aime l'idée tout africaine d'un art contemporain entendu comme tentative de capture des forces de l'infini ; de mise en forme sensible de l'infini ; mais une mise en forme qui consiste sans cesse à faire, à défaire et à refaire.

Ailleurs – et surtout en Europe – il n'y a plus d'image à isoler ou à capturer. À la limite, il n'y a plus rien à interpréter. Il n'y a plus que des sélections à opérer. L'œuvre d'art dans son pouvoir de mise en forme et sa capacité d'animation n'existe plus. Chez nous, la question identitaire a été réglée du moins sur le plan théorique. Certes, les querelles se poursuivent. Mais aucune voix sérieuse ne nie aujourd'hui que nous sommes faits de différentes généalogies les unes imbriquées dans les autres ; ou qu'il n'y a d'origine que dans la rencontre et dans la relation ; ou encore que l'Afrique est avant tout le corps d'une vaste diaspora et donc un corps en circulation. D'ailleurs, sur le plan historique, il n'y a d'Afrique que dans le dédoublement, l'investissement d'un Ailleurs qui, ici et là, peut prendre des formes enchevêtrées, voire déterritorialisées.

Le temps est donc venu de s'attaquer aux mondes africains d'images, à leurs qualités formelles, et bien entendu à leurs effets. L'une des caractéristiques de ces images est qu'elles sont capables de se substantiver au sein de plusieurs régimes épistémiques, simultanément. Les objets d'art africains, hier comme aujourd'hui, sont avant tout des *objets en mouvement*. Plus fondamentalement, il est urgent de considérer la création africaine contemporaine comme une forme de pensée. Cette pensée a ses styles et il nous faut les identifier et les étudier formellement. C'est une pensée qui s'efforce à sa manière d'avoir prise sur ce qui est en train d'arriver ici et maintenant, pas seulement en Afrique, mais sur cette planète. Si l'art moderne s'ouvre sur une crise de l'idée d'image, il est possible que cette crise soit en passe d'être résolue par la création afro-diasporique contemporaine. La création afro-diasporique est le véhicule qui nous permettra de sortir de la crise de l'idée d'image ouverte par l'art moderne. Telle est l'hypothèse qu'il nous faut creuser désormais. Si nous y parvenons, alors il y a de fortes chances que l'art du XXIe siècle soit « africain ».

De l'« Afrique », on ne saurait en parler qu'en tant qu'assemblage d'espaces constamment produits sur le mode de l'enchevêtrement et de la circulation. L'Afrique, c'est d'abord la *multiplicité – et donc la relation.* Qu'il s'agisse des formes sociales, des institutions ou des logiques et rationalités, tout ici s'est toujours conjugué au pluriel. Le principe de l'Un nous est inconnu. Le polythéisme social et culturel, telle a toujours été notre signature. La vie sociale et économique a toujours été régie par les deux principes de la composition et de la conversion. La vie elle-même consiste à savoir mettre ensemble des éléments composites, disparates, à la limite incompatibles ; puis à établir des équivalences entre eux ; à transformer les uns en les autres.

D'autre part, il n'y a jamais eu d'« Afrique » qu'en *mouvement*, itinérant. Et donc être Africain dans le monde actuel et à venir, c'est savoir chaque fois réactiver, dans les conditions du temps, ces *ressources de la multiplicité, de la circulation et du mouvement.* C'est participer, de plein droit, au grand mouvement de déclosion du monde. Pour le reste, le temps de l'Afrique viendra. Ce ne sera peut-être pas de notre vivant. Mais il viendra. Le rôle de l'écriture et de la création imaginaire, artistique et culturelle est d'en préparer l'avènement.

La démocratie du vivant

Afin d'échapper à la relation d'inimitié, il importe d'approfondir et de radicaliser la démocratie – une forme de démocratie propre à notre temps, qui sache prendre en charge l'ensemble du vivant, c'est-à-dire les êtres humains, les espèces vivantes, végétales, organiques, biologiques. L'histoire humaine est une parenthèse dans l'histoire générale de l'univers. Nous sommes de passage dans le monde. Le nouveau projet démocratique doit donc faire place à l'idée du passant.

Autre porte de sortie du cul-de-sac actuel, l'impératif de redistribution égalitaire des ressources de l'univers. Un tel impératif implique d'autres manières de reconnaître les dettes. Hors des formes actuelles, il devrait y avoir d'autres manières, non expropriatrices, d'honorer les dettes. Il n'y a pas de communauté politique qui ne soit fondée, quelque part, sur une éthique à la fois du don et de la dette. La démocratie à venir non plus.

Enfin, il nous faudra réanimer les facultés critiques si nous voulons redonner leur chance aux Lumières. La guerre, le militarisme et le capitalisme sous sa forme financière cherchent à émousser ces facultés. Ils cherchent à assécher les ressources de l'imaginaire, à appauvrir le langage en instituant un monde monosyllabique, sinon antisymbolique. Pour resymboliser l'univers d'une manière qui favorise le partage et l'en-commun plutôt que la séparation, il faudra réanimer les facultés critiques non seulement de l'humanité, mais de l'ensemble de la création.

Penser la famine et la peur

par Célestin Monga

Prélude

Il y a quelques années, des amis et collègues intellectuels africains m'avaient invité à contribuer à des ouvrages collectifs de protestation contre les déclarations d'un chef d'État occidental ayant affirmé lors d'un discours à Dakar (Sénégal) que « l'homme africain [n'était] pas entré dans l'Histoire ».

À l'époque, je travaillais à Washington comme conseiller-directeur au département de la recherche de la Banque mondiale. Je n'avais donc pas souvent l'occasion de rire. Or l'affaire du fameux discours de Dakar m'avait bien fait rire.

D'abord parce qu'au-delà de leur puérilité, les propos de ce président occidental étaient, d'une certaine manière, rassurants et encourageants : ils prouvaient que même dans « les pays les plus avancés de la planète », il y avait encore des dirigeants aussi incultes que les chefs d'État africains, dont nous nous plaignons quotidiennement. Ces déclarations qui avaient tant choqué mes amis me paraissaient plutôt sympathiques car elles offraient une preuve empirique de ce que l'on pouvait considérer comme une démocratisation de l'ignorance. Citoyens de pays pauvres ou riches, les peuples du monde étaient donc égaux face à l'incompétence de leurs gouvernants.

L'affaire m'avait fait rire aussi parce que les réactions courroucées, parfois fébriles, et fiévreuses de certains de mes amis révélaient leur extrême sensibilité par rapport au futile et à l'inessentiel. Quand je leur avais répondu que j'étais un homme occupé et n'avais donc pas de temps à consacrer aux élucubrations d'un chef d'État étranger visiblement mal informé sur l'Afrique, ils insistaient, disant en substance: «Il ne s'agit pas de n'importe qui, mais d'un des chefs d'État les plus influents au monde, et dont les décisions déterminent l'évolution politique en Afrique.»

Vrai, peut-être. J'avais cependant refusé toutes les invitations à participer à des répliques publiques contre ce président occidental. Après tout, les incultes, fussent-ils chefs d'État, ont eux aussi le droit de se tromper et de dire des insanités. C'est leur liberté d'expression. D'ailleurs Amnesty International devrait peut-être penser à rajouter le droit de dire des sornettes à leur liste officielle des droits de l'homme...

Plus important: j'avais essayé d'expliquer à mes amis et collègues intellectuels africains que les opinions des chefs d'État occidentaux, asiatiques ou latino-américains sur l'Afrique m'étaient complètement indifférentes. La seule chose qui m'a toujours intéressé est ce que les Africains pensent d'eux-mêmes – et notamment les intellectuels. Et de ce point de vue-là, j'ai aujourd'hui quelques inquiétudes, mais aussi une certaine espérance.

Inquiétudes parce que les thèmes à la mode au sein d'une large frange de l'intelligentsia africaine et africaniste me paraissent refléter des impasses narratives dont il convient de souligner le danger – sa critique souvent superficielle de la globalisation économique et l'amalgame avec l'économisme ignorent une élémentaire vérité: la pauvreté matérielle toujours bien prégnante sur le continent est honteuse, nocive, et injustifiée.

Espérance parce que les nouveaux problèmes que la pensée dominante associe spécifiquement à l'Afrique aujourd'hui (crises identitaires, chocs des essentialismes, frayeurs migratoires, violences aléatoires, etc.) sont en réalité des problèmes observés à divers degrés à l'échelle de la planète, et nécessitant une réflexion qui aille au-delà des catégorisations convenues et des dichotomies simplistes (universalisme-relativisme ; cosmopolitanisme-nationalisme, etc.).

Cet article souligne la nécessité de s'émanciper à la fois des discours structuralistes et relativistes, de prendre au sérieux la question de la paupérisation matérielle et ses conséquences, et d'éviter le piège des dichotomies, ces approches binaires qui perturbent la quête de vérité.

Deux impasses narratives

Il existe, *grosso modo*, deux types de discours sur l'Afrique et sur la situation actuelle de paupérisation matérielle du continent. D'un côté il y a le discours « structuraliste », qui explique les difficultés de l'Afrique par des raisons historiques, politiques et économiques quasiment immuables. Les facteurs « structurels » souvent identifiés se rapportent alors à l'oppression séculaire (esclavage, domination coloniale et néocolonialisme), à la dépendance instaurée par le cadre rigide des relations internationales, au commerce international fatalement biaisé en faveur des pays riches et donc injuste, le tout orchestré par des acteurs jouant chacun une partition connue d'avance, pour entretenir et perpétuer la tragique symphonie du malheur, des dictatures cyniques, et de la mauvaise gouvernance.

Les théoriciens de ce discours structuraliste sont souvent des intellectuels dits « progressistes ». Ils dénoncent le poids des injustices et de l'Histoire, et dénoncent la brutalité d'un nouvel ordre mondial qui condamnerait les sociétés africaines à la précarité, à l'instrumentalisation, et à la marginalisation. Ils produisent une littérature de la colère et du manichéisme. Car même si beaucoup d'éléments de leur corpus analytique sont exacts, leur théorie d'ensemble est erronée : l'Afrique n'a ni le monopole de la souffrance, ni des dictatures, ni de la brutalité, ni de la malchance. Emil Cioran disait que certains pays abusent de la malchance au point de banaliser la tragédie…

Le deuxième type de discours sur l'Afrique est d'une tonalité plutôt « culturaliste ». Il est très à la mode dans les salons chic et dans les amphithéâtres ces temps-ci. Son postulat essentiel est l'idée selon laquelle les difficultés du continent africain sont dues essentiellement aux choix effectués par les Africains, individuellement ou collectivement, et aux comportements qui en découlent. Ce discours est construit sur le rejet du déterminisme historique ; il affirme que les Africains n'ont pas plus souffert des tragédies du passé que d'autres peuples, et que le continent se complaît simplement dans ses pleurnicheries, au lieu de prendre son destin en mains, comme l'ont fait les peuples d'autres régions du monde victimes également de l'oppression, des violences du passé et du présent. Ici, l'argument se rapportant au caractère tragique de l'Histoire est tragique – souligné par Raymond Aron – pour tout le monde… D'autres peuples ont été colonisés, violés, brutalisés, et exploités. Certains ont été ostracisés et contraints à la diaspora et à la Shoah. D'autres encore ont connu des décennies d'atrocités extrêmes, subissant des décennies de « révolutions culturelles » qui ont fait des dizaines de millions de morts. D'autres sont même parvenus à survivre à des bombes atomiques et à se réapproprier le droit d'écrire leur destin… Conclusion : le choix (ou le non-choix) de trouver le moyen de se sortir des traumatismes de l'Histoire dépend essentiellement des postures philosophiques et culturelles de chaque peuple…

Ce deuxième discours suggère que la situation de l'Afrique est le résultat des choix de ses élites, qui ont donné la priorité à la victimisation, à des nationalismes improductifs, et à des essentialismes ayant organisé la vie publique autour de combats de tribus – combats qui mènent parfois à des génocides.

Penser l'Afrique aujourd'hui requiert donc de s'émanciper à la fois des discours « structuralistes » qui se veulent progressistes, et des discours « culturalistes » souvent conservateurs. Car les lectures manichéennes ne débouchent en général que sur des analyses parcellaires et biaisées de la situation du continent. Par ailleurs, les deux discours escamotent la question de la pauvreté matérielle et de ses implications sur le social et le politique, question qui mériterait d'être étudiée avec rigueur. La recherche clinique a montré que certains troubles du comportement, en particulier, ceux dus à des événements traumatiques vécus pendant l'enfance ou l'adolescence, peuvent se transmettre à travers les générations. Les canaux et mécanismes responsables de ces troubles et de leur transmission intergénérationnelle sont encore mal compris. Mais l'étude des bases génétiques et épigénétiques des fonctions cognitives et des réponses comportementales apporte de nouveaux éléments de réponse parfois inattendus à cette question : il est désormais établi que l'environnement a une influence capitale sur l'existence humaine. Certains événements peuvent laisser des marques biochimiques sur l'ADN pour toute la vie. De telles marques peuvent s'imprimer dans toutes les cellules du corps y compris dans le cerveau.

Point n'est besoin donc de souscrire aux théories d'Abraham Maslow sur la hiérarchie des besoins de l'être humain (allant des besoins primaires et physiologiques de base comme se nourrir aux besoins d'estime de soi et de se réaliser) pour admettre que le principal déterminant de la dignité humaine est la capacité pour tout individu à assurer le minimum vital pour soi-même et pour les siens. Et donc que les quelque trois cent trente millions d'Africains considérés comme « pauvres » par la Banque mondiale sont socialement prédisposés à transmettre les traumatismes qu'ils subissent à plusieurs générations. Ce constat semble échapper à la plupart des africanistes, qui en arrivent à oublier l'économie (discipline qui réfléchit à la production et à la répartition des richesses). Et quand bien même ils en parlent, c'est trop souvent pour faire un amalgame de mauvais aloi avec l'économisme, la finance, et ses dérives mafieuses.

En fait, il est devenu pratiquement une mode de dire du mal de la science économique, et des politiques économiques. Or la raison pour laquelle certains pays demeurent «pauvres» alors que d'autres ont des niveaux de vie élevés tient simplement au fait que les uns produisent moins de biens et services que d'autres. Il faut penser la productivité, en identifier les déterminants, et les intégrer dans les stratégies économiques, au lieu d'élaborer des théories fumeuses sur l'africanité et la négritude, ou sur les méfaits de la globalisation. Des centaines de millions d'Africains ont faim et ont droit, eux aussi, au bonheur matériel que les conférenciers et les professeurs du Collège de France semblent prendre pour argent comptant. En fait, les intellectuels africanistes qui critiquent l'économie, qu'ils confondent avec l'économisme, sont souvent eux-mêmes coupables de philosophisme !

La misère matérielle n'est pas un exotisme

Comment avancer, en cette période de l'histoire humaine où la globalisation fait peur, alors qu'elle ouvre surtout des possibilités infinies de se confronter et de se connecter aux autres pour enrichir mutuellement nos humanismes et redéfinir en renforçant notre condition humaine d'Africain ? Je vois un premier impératif majeur, une condition *sine qua non* : la sortie de l'exotisme intellectuel qui consiste à mépriser l'économie, et à l'amalgamer avec l'économisme. Car il est pratiquement impossible de libérer l'intelligence et l'humanité de gens qui meurent de faim. Je connais la méfiance des philosophes et des intellectuels pour les statistiques. Mais celles de la FAO méritent d'être au moins signalées : environ sept cent quatre-vingt-quinze millions de personnes dans le monde souffrent actuellement de famine chronique. Cela représente une personne sur neuf qui ne mange pas à sa faim et ne reçoit pas la nourriture dont elle a besoin pour mener une vie saine et active, et pour éviter d'exposer sa progéniture au risque des maladies cognitives et psychiatriques intergénérationnelles identifiées par la neuroépigénétique. La faim et la malnutrition constituent le risque sanitaire mondial le plus menaçant – plus que le sida, le paludisme et la tuberculose réunis.

L'Afrique est la région du monde ayant la plus forte proportion de personnes souffrant de la faim. L'Afrique subsaharienne est la région avec la plus forte prévalence (pourcentage de la population) de la faim. Une personne sur quatre y est sous-alimentée. La malnutrition provoque la mort de 3,1 millions d'enfants de moins de cinq ans dans le monde chaque année, soit près de la moitié (45 %) des causes de décès. Un enfant sur quatre souffre de retards de croissance. Dans certains pays, ce chiffre peut atteindre un enfant sur trois.

Or la faim n'est pas une fatalité : la planète dispose de suffisamment de nourriture pour tout le monde et il ne faudrait d'ailleurs aucune révolution scientifique pour combattre ce fléau. Les savoirs, les expériences, les outils et les politiques dont nous disposons aujourd'hui, combinés à une forte volonté politique, suffisent à relever le défi.

Le bonheur matériel auquel les populations des pays du Nord ont droit n'est pas superfétatoire. Il faut combattre la famine et la pauvreté matérielle qu'elle incarne pour des raisons éthiques et pratiques. Car cela permettrait de transformer les victimes de la pauvreté en acteurs souverains de leur destin et en contributeurs positifs à notre humanité commune. Au-delà de ses bénéfices macroéconomiques, l'éradication de la famine est aussi un impératif sanitaire et de sécurité : il n'y aura ni stabilité, ni paix dans un monde où la migration, à n'importe quel prix (même au prix d'une mort certaine), apparaît comme le seul recours à des millions de personnes. Pour cela, il convient de réhabiliter l'économie dans les discours des intellectuels africains, et cesser de mépriser la production des richesses matérielles.

La bonne nouvelle est que le savoir existe. Il n'est d'ailleurs pas secret puisque toutes les nations que l'on considère aujourd'hui comme ayant vaincu la pauvreté ont connu ces mêmes problèmes et développé des solutions efficaces que d'autres ont utilisées par la suite, avec souvent d'excellents résultats. Souvenons-nous que jusqu'à la révolution industrielle, le monde entier était peuplé de populations pauvres. Les calculs effectués par Angus Maddison montrent que, pendant plus de mille quatre cents ans, le revenu par habitant aux États-Unis était à peu près le même que celui de la Chine, de la France, de l'Éthiopie, ou du Bhoutan. Il y a moins de quarante ans, le revenu par habitant au Cameroun était cinq fois supérieur à celui de la Chine. Aujourd'hui, les choses ont quelque peu changé : en l'espace d'une seule génération, la Chine est parvenue à sortir quelque sept cent millions de ses citoyens de la pauvreté, et à se hisser au deuxième rang des plus grandes économies de la planète. Le savoir économique existe donc.

Le bon sens, que beaucoup de philosophes africanistes semblent désormais négliger, produit encore des miracles en économie. L'Afrique est très bien placée pour profiter des expériences des autres régions du monde, éviter leurs erreurs, et faire des sauts qualitatifs importants dans le registre de l'amélioration des conditions de vie de ses populations. Actuellement, elle n'est prisonnière d'aucun modèle technologique ou même de croissance économique, et peut donc choisir une voie optimale d'industrialisation qui crée des emplois, de la dignité, tout en évitant de polluer et de détruire son environnement. Pour cela, il serait bon que les intellectuels africains qui font des prescriptions d'avenir sortent de la dichotomie manichéenne dont j'ai parlé plus haut, évitent leur obsession pour la singularité et leur culte frénétique de la différence, pour enfin prendre l'économie au sérieux.

Les possibilités sont infinies : avant le XVIIIe siècle, il avait fallu mille quatre cents ans à l'Occident pour doubler le revenu par habitant de ses populations. Au XIXe siècle, il fallait environ soixante-dix ans aux pays occidentaux pour le faire. Au XXe siècle, avec l'accélération de la globalisation, il n'a fallu que trente-cinq ans pour y parvenir. La Chine l'a fait en douze ans... Autant dire que l'Afrique est capable de faire bien mieux encore. À condition que les responsables des politiques publiques cessent de céder au mythe d'une altérité factice, et regardent l'avenir les yeux ouverts.

La question économique ne constitue cependant que le premier volet indispensable mais insuffisant d'une démarche visant à penser l'Afrique aujourd'hui. L'on ne saurait ignorer les problématiques identitaires, exacerbées récemment par le désir d'échapper à la pauvreté et à l'insécurité – désir qui s'exprime de plus en plus par des migrations de masse.

Au-delà de l'économique

Le corpus visuel de cette souffrance africaine (et non africaine) se préparant à envahir les beaux rivages, les plages blanches et les rues vertes de la douce Europe constitue régulièrement les séquences les plus prisées des journaux télévisés du soir. L'on y voit des hordes de migrants noircis davantage par les épreuves de la traversée quotidienne de la mer Méditerranée, essayant au prix d'une mort quasi certaine de se rendre en Occident, le lieu du Saint-Graal.

La bonne conscience et le confort douillet de cet Occident (qui s'interroge lui aussi sur son avenir) s'inquiètent de la nouvelle menace que l'énorme vague de pauvreté venue du Sud lui pose : si la justification mise en avant par les migrants fuyant le terrorisme et la guerre au Proche-Orient semble facile sinon à accepter du moins à expliquer, comment comprendre, en revanche, l'afflux constant de « ces gens-là qui quittent des pays en paix » (comprenez : Sénégal, Mali, Nigeria, Cameroun, Éthiopie, etc.) pour tenter coûte que coûte de s'installer sans papiers dans une jungle à Calais ou dans une banlieue misérable de Londres ?

Perplexes, les experts et commentateurs s'interrogent : quel danger fuient ces illettrés de plus grave que la certitude de se noyer dans une mer déchaînée ? Ne sont-ils pas simplement des « migrants économiques » trop paresseux pour essayer d'améliorer leur sort dans leur propre pays, convaincus que la voie la plus facile consiste à prendre d'assaut la forteresse Europe où se dissimule le veau d'or des allocations familiales et autres prestations sociales ?

Cette lecture caricaturale des ressorts de la « menace » migratoire posée par les hordes de pauvres venus du Sud suscite de nouveaux débats sur la force des frontières, et plus généralement sur les coûts et bénéfices d'une globalisation désormais incontrôlable. Les thèses et postures intellectuelles dominantes dans ces querelles méritent quelques commentaires.

L'Occident s'inquiète donc : que faire de cette Afrique affamée dont la population sans cesse croissante voudrait perturber le grand projet d'une Europe unie, apaisée et prospère ? Comment réagir face à « ces gens-là », venus de Libye, d'Érythrée, de Syrie, d'Irak ou d'Afghanistan, et qui ne semblent vouloir se conformer aux normes et aux idéaux civilisationnels d'un monde qui voudrait se préserver de « la misère du monde » (selon la formule malheureuse de l'humaniste Michel Rocard) ? Une seule solution semble à portée de main : restaurer l'autorité et le mythe des frontières qui seraient les seuls instruments véritablement opérationnels dans cette nouvelle croisade des valeurs.

La fétichisation des frontières

Reflets des arbitraires de l'Histoire, les frontières ont partout des significations symboliques et politiques que l'on n'ose ni proclamer trop bruyamment, ni ignorer qu'à ses propres périls : elles confèrent une certaine validité aux fantasmes de la citoyenneté et de l'identité. Du point de vue de l'économique, il y a peu de désaccords sur leurs méfaits : si la planète Terre était une seule nation avec ses 7,5 milliards de citoyens libres d'aller et de venir sans restriction aucune, le revenu par habitant serait plus élevé et les inégalités bien moins préoccupantes (Branko Milanović).

L'économie des frontières et le fétichisme des nationalités – son corollaire – sont sources donc d'inefficience, de gaspillages, d'alourdissement des coûts de production, et de diverses formes de corruption. Autrement dit, la suppression totale des restrictions sur les mouvements des populations bénéficierait largement à toutes les nations du monde. Mais inutile de le dire. Les frontières n'ont pas été inventées pour améliorer la productivité des peuples et des nations : elles servent surtout à établir des hiérarchies, à sélectionner et à exclure, et à identifier ceux dont on voudrait « préserver » la grandeur, par opposition aux autres, les « étrangers », les « inconnus » ou les « barbares ». À force de proclamer l'exceptionnalité de nations pourtant forgées par les hasards instables de l'Histoire et en perpétuel mouvement, les hommes politiques parviennent souvent à homologuer un schéma de l'altérité qui parfois s'exprime dans divers registres.

Les frontières offrent donc un fondement géographique à l'idée de spécificité d'un peuple, quand elles ne valident pas sa supériorité sur les autres. D'après Plutarque, les citoyens d'Athènes, particulièrement jaloux de leurs frontières, affirmaient au Ier siècle de l'ère chrétienne que la lune chez eux surpassait celle de Corinthe. Au XVIIe siècle, le poète John Milton observait que Dieu a l'habitude de se révéler d'abord à ses compatriotes anglais. Bien sûr... Plus récemment, le président Bill Clinton déclarait que l'Amérique est « la nation indispensable ». Sous-entendu : le Brésil ou le Congo ne le sont point... Clinton reprenait simplement une vieille idée consensuelle dont se vantaient déjà ses prédécesseurs, et qui a ensuite été fièrement endossée par ses successeurs. Oui, les frontières sont presque toujours le ferment du nationalisme. Un ami argentin m'a rapporté cette boutade qui passe pour vérité populaire du côté de Buenos Aires : Lionel Messi est « évidemment le meilleur footballeur au monde ; et un des meilleurs en Argentine... ».

Car dans ce monde où l'on se définit de plus en plus par rapport à autrui, où vivre consiste souvent à s'inventer des critères d'appartenance (« nous » et « les autres »), la frontière est une composante essentielle de l'imaginaire collectif. Elle rassure, « authentifie » les individus et les choses, et permet de produire des hiérarchies. Elle est donc un ingrédient indispensable à la fabrication des illusions collectives qui justifient les ego et aident les peuples et leurs dirigeants à vivre. L'on comprend d'ailleurs aisément ce type de sentiment en regardant l'évolution du nombre de nations sur la planète : au 1er janvier 2016, les Nations unies comptaient cent quatre-vingt-treize pays membres, contre cinquante et un en 1945 et cent cinquante-neuf en 1990, soit une augmentation de 21 % au cours du seul dernier quart de siècle.

Voyageur impénitent parcourant le monde entier avec un passeport camerounais et suscitant presque toujours le dégoût à peine voilé des officiers des services consulaires et le soupçon des officiers d'immigration, j'expérimente régulièrement cette tragique vérité, et perçois beaucoup mieux aujourd'hui l'incongruité de ces frontières qui tentent constamment de me déshumaniser. Dès que je franchis (toujours péniblement) une frontière et me retrouve au Japon, en Lituanie ou au Brésil, leur futilité et leur vacuité me frappent tout de suite. Car passé l'étonnement des premiers instants et de l'étrangeté des manières d'être et de faire, je retrouve vite mes propres préoccupations et réflexes dans le regard d'autrui. Par-delà les apparences, notre humanité commune s'énonce silencieusement et discrètement.

Un soir, alors que je suis au balcon de ma chambre d'hôtel à Ipanema, des coups de feu claquent subitement dans la nuit. Dans la rue en bas, deux gangsters pris en chasse par la police ont choisi de venir régler leurs comptes sous ma fenêtre. Panique générale. En l'espace d'une fraction de seconde, tous les clients et employés de l'hôtel réalisent qu'il n'y a plus de frontières, et que nous sommes tous compatriotes dans la souffrance, et à la merci du pouvoir discrétionnaire du mal.

Tous les voyageurs ont le privilège de vivre ce type d'expériences à travers lesquelles les frontières s'évanouissent. À Estrella (Espagne), un dimanche soir, Cioran assiste à un bal sur la place principale de la ville. Il écrit : « Il y a là une centaine d'enfants de trois à dix ans, surtout des fillettes, qui se mettent à danser. Avec un brio et un sérieux stupéfiants. Je dis sérieux car ce qui m'a frappé, c'est qu'elles dansaient comme si on ne les regardait pas – pour elles-mêmes. Il y avait là quelque chose de religieux, d'initiatique. J'ai rarement assisté à un spectacle plus prenant, plus convaincant. Je songe surtout à une petite fille qui devait avoir juste trois ans et qui se trémoussait seule, le bras droit levé en l'air, et avec une telle solennité qu'il me fut difficile de dissimuler mon émotion de spectateur emporté par une expérience si inattendue. »

Je jurerais que Cioran eût éprouvé une émotion d'intensité similaire dans le dédale des ruelles de Dakar ou de Kinshasa.

La vraie mystique des frontières se trouve pourtant ailleurs que sur les tracés des cartes et les lieux géographiques. Car les plus infranchissables d'entre elles ne sont pas où l'on croit. Elles sont plutôt incrustées dans les esprits et dans les cœurs. Ce sont des murs construits par chaque personne en elle-même, par peur, ignorance, ou arrogance. Et par négligence de la seule certitude que nous avons, à savoir de devoir quitter un jour ces frontières par lesquelles nous croyons nous définir. En somme, le vrai drame est celui de cette autre forme d'exil intérieur dont parlait Roland Jaccard.

Le piège des dichotomies

Penser en période de famine et de peur n'est donc pas un exercice aisé. Le nécessaire débat sur les valeurs et sur la globalisation est faussé par les anxiétés, les détresses personnelles et les transes collectives. Car ici aussi, malheureusement, deux camps en colère, qui se voudraient exclusifs l'un de l'autre, se font face. Et l'on est sommé de choisir parmi ces deux sincérités infaillibles et implacables, de s'en tenir ensuite à des choix rigides, sans jamais hésiter ni dévier de la ligne, comme si le monde était finalement constitué de « bons » et de « méchants », de « sages » et d'« imbéciles », chaque groupe s'autoproclamant le légitime propriétaire de vérités permanentes et immaculées.

Les « défenseurs de l'Afrique et des pauvres » se retrouvent généralement du côté des théoriciens de l'universalisme des valeurs. Ceux-ci construisent leur supériorité éthique sur la certitude que l'être humain est le même en tous temps et en tous lieux, et que ses peurs, ses angoisses, et ses rêves sont essentiellement les mêmes, où qu'il soit et quel qu'il soit. Ce postulat validé par la biologie et d'autres sciences dures est renforcé par l'unicité des discours publics tenus par les hommes depuis la nuit des temps et exprimant les mêmes désirs. Après tout, les résultats des sondages et enquêtes d'opinion au Burundi indiquent que les hommes et les femmes y rêvent d'à peu près les mêmes choses que ceux de Bolivie ou du Bhoutan. Et, « preuve » absolue de la légitimité de l'universalisme, les pays du monde entier ont régulièrement signé les nombreuses conventions de l'Organisation des Nations unies réaffirmant les convergences de pensée de leurs peuples, et codifiant le vouloir-vivre ensemble. Ils citent notamment la Charte internationale des droits de l'homme des Nations unies (qui comprend la Déclaration universelle des droits de l'homme, le Pacte international relatif aux droits économiques, sociaux et culturels, le Pacte international relatif aux droits civils et politiques et ses deux protocoles facultatifs) et la présentent comme étant le socle et le ciment de cet universalisme indépassable.

Pas si vite ! rétorquent les partisans du relativisme qui soulignent au contraire la fragilité du consensus mou dont se prévaut l'universalisme, et rejettent donc les fondements théoriques d'une sorte de fraternité mondiale qui justifierait que l'Occident s'ouvre aux pauvres et aux opprimés de toute la planète. Après tout, affirment ces relativistes, la fameuse Charte internationale présentée aujourd'hui comme source de vérité et de légitimation des solidarités imposées avec les pauvres a souvent été ratifiée par des gouvernements non représentatifs de leurs peuples, par des dictateurs reçus en grande pompe et tapis rouge au siège de l'ONU. Et le texte des conventions reflétant prétendument les valeurs universelles tant ressassées ne sont souvent que des copies verbatim de documents occidentaux. La preuve ? La Déclaration universelle des droits de l'homme adoptée par l'ONU n'est qu'une version à peine modifiée de la Déclaration des droits de l'homme et du citoyen adoptée en France en 1789 et du *Bill of Rights* inclus dans la Constitution américaine de 1791 – documents qui eux-mêmes reprennent les principes de la *Magna Carta* du roi John d'Angleterre (1215).

La critique de l'idée selon laquelle l'universalisme des valeurs serait incarné dans les conventions internationales est donc claire : les Chinois, les Somaliens ou les Marocains n'auraient pas vraiment eu leur mot à dire dans l'élaboration de ces textes, et les gouvernements qui les ont signés au nom de leurs peuples ne remplissaient pas forcément les critères de légitimité démocratique énoncés par l'Occident lui-même... Preuve de ce hiatus, selon les relativistes, la déliquescence toujours plus prononcée de ce pseudo-consensus obtenu on ne sait vraiment comment, et brandi aujourd'hui, non sans mauvaise foi, comme source de droit international et de légitimation d'une vision particulière et normative du monde.

Quoi qu'en disent les uns et les autres, le débat entre les deux camps n'est pas tranché, les uns et les autres se contentant souvent de s'observer en chiens de faïence, au lieu de descendre du piédestal de leur pharisaïsme pour explorer véritablement les possibilités de réconciliation de leurs visions, et réaliser que celles-ci ne sont d'ailleurs pas toujours aussi antinomiques qu'on pourrait le croire. L'on s'en aperçoit en examinant les lignes de fracture et les positionnements des partisans des deux camps sur la question de la globalisation. L'on eût pu croire, *a priori*, que les théoriciens de l'universalisme des valeurs seraient fatalement les défenseurs de la globalisation, cette machine invisible et irrésistible qui envisagerait d'uniformiser la planète dans le moule d'un terreau civilisationnel plus ou moins validé par les grandes institutions de la communauté internationale, institutions que l'on suppose imbues de légitimité (de l'Organisation des Nations unies au Fonds monétaire international, à la Fédération internationale de football ou aux associations de buveurs de thé). De même, l'on s'attendrait à ce que les adversaires de la globalisation soient également les partisans d'un relativisme philosophique irréductible, ceux qui vivent dans la certitude de pouvoir trouver des vérités de proximité, et donc de rejeter des manières de vivre venant d'ailleurs et soupçonnées de contenir subrepticement des prescriptions d'existence d'un Occident écrasé par ses certitudes et obsédé par son goût de la domination.

Or, les positions des universalistes et des relativistes au sujet de la globalisation sont bien moins tranchées que cela : nombreux sont les théoriciens de l'universalisme des valeurs qui se méfient de la globalisation ; et beaucoup de partisans du relativisme s'accommodent très bien de l'idée d'un monde de plus en plus marqué par les échanges de biens et une plus intense circulation des personnes et des idées. L'on assiste donc à une infinie bataille d'illusions où le postmodernisme se retrouve aussi bien dans les arguments de ceux qui prônent l'avènement d'un monde ouvert que dans les propos inquiets de ceux qui perçoivent la globalisation comme une agression identitaire. Légitimes ou pas, sectaires ou simplement maladroites et mal formulées, les ripostes populistes à cette globalisation dont on ne voit souvent que le visage hideux (celui des banquiers sans cœur) sont généralement méprisées par la nouvelle éthique du cosmopolitisme, si brillamment énoncée par Kwame Anthony Appiah et bien d'autres.

Il est illusoire cependant de croire que l'on sortira de la dichotomie universalisme-relativisme en se contentant de mépriser les résurgences identitaires, en les réduisant à de puérils mouvements d'humeur, ou en invoquant les métissages culturels comme remèdes absolus aux peurs de l'époque. Car malgré son élégance éthique, le cosmopolitanisme a lui aussi ses limitations : d'abord, il ignore que les individus ont le droit de se façonner des identités artificielles qui finissent par devenir des catégorisations sociales et philosophiques valides et incontournables. Ensuite, à force de prôner la banalisation des différences (réelles ou artificielles), le cosmopolitanisme peut conduire à une vision uniformisatrice et totalisante des civilisations. Enfin, il postule que l'humain est forcément et constamment le résultat de métissages culturels et philosophiques ; or cette vision valide, même par inadvertance, l'existence de groupes et de catégories sociales générateurs des éléments du métissage, thèse dont le cosmopolitanisme voudrait paradoxalement se démarquer.

Notre monde et notre temps sont en réalité le lieu et le temps d'une condition postmétisse, qui offre aux individus le droit et la liberté de se définir comme bon leur semble – y compris comme membres de tribus artificielles – et d'en énoncer les solidarités et les critères d'exclusion qui leur conviennent. Après tout, c'est cela l'essence de la démocratie. Ce qu'il faut espérer, c'est de pouvoir offrir à chaque citoyen une information de qualité qui lui permette d'approfondir sa réflexion et de faire les choix les plus éthiques possibles, même dans un contexte de relativisme moral.

Afriques océaniques, Afriques liquides

par Françoise Vergès

De manière dominante, notre lecture de l'Afrique reste terrienne, nous parlons de ses villes, forêts, déserts, campagnes mais rarement de ses espaces liquides, de ses fleuves, de ses lacs, de ses immenses estuaires, de ses bassins – Congo, Niger, Nil et Zambèze –, de ses golfes, de ses mers et de ses océans. L'Afrique n'est le plus souvent qu'un vaste espace de terre. Or, ces espaces liquides ont compté dans son histoire politique, culturelle, économique et sociale ; ils ont facilité des échanges, produit des cultures des mondes de l'eau, des modes de vie sociale ; des esprits, des dieux et des déesses veillent sur eux, et des rituels leur sont dédiés pour apaiser leur colère ou demander leur protection.

En évoquant des espaces, je réponds à l'invitation de repenser la cartographie de l'Afrique, de s'approprier l'histoire maritime culturelle et politique du continent, une histoire des Afriques océaniques et liquides, ou plutôt ses histoires océaniques, multiples, plurielles. Partir des rives, des côtes, des cours d'eau, des mers, de ces espaces de l'entre-deux, qui séparent et relient, océans-cimetières d'esclaves et de migrants et océans d'itinéraires de marchands, de voyageurs, de marins.

L'Atlantique a été une sépulture, mais aussi un océan où s'élancer sur des pirogues de pêcheurs et de commerçants à l'assaut des vagues ; sur les côtes de l'océan Indien, des villes-ports cosmopolites, véritables zones de contact et de créolisation, ont accueilli marchands et pèlerins ; la Méditerranée est aujourd'hui une sépulture, mais elle est aussi un espace de tensions, de frictions, de rencontres ; sur la mer Rouge, sont passés esclaves, marins, marchands et pèlerins, mais des cultures de la mer y sont nées. Dans cette tentative de réécriture, nous ne devons pas oublier les marges du continent, toutes les îles qui l'entourent ou qui sont sur ses lacs – îles du Cap-Vert, archipel des Comores, archipel des Seychelles, îles de Djibouti, d'Égypte, d'Érythrée, du Kenya, Madagascar et ses îles, du Sénégal, etc. –, évoquer leurs noms – Barbagueye, Zanzibar, Pemba, île Marion, Robben Island, Gorée, Manda, Migingo... Des îles comme espaces liminaires, au sens littéral de « seuil »[1], d'espace qui fait transition entre mer et terre, île-prison, île-plantation, île-colonie, île-créole... La « marge », soit l'espace « intervalle », la latitude qui existe entre certaines limites, et qui évoque la possibilité d'action. Réécrire cette histoire, c'est ne pas la laisser entre les mains exclusives de disciplines comme la géopolitique, la géographie, l'histoire militaire ou maritime européenne ou l'économie. C'est écrire une histoire maritime culturelle et sociale qui croise littérature, études visuelles, études culturelles, études postcoloniales, études musicales, religieuses et de genre, avec ces disciplines traditionnelles.

L'étude des Afriques océaniques contribue à « dé-continentaliser » et à dénationaliser l'écriture de l'Histoire ; à ouvrir le continent à ses mers et ses océans, à l'inscrire dans une histoire connectée, dans une histoire globale qui passe par les mers ; autrement dit retracer les échanges commerciaux, religieux, culturels établis grâce aux fleuves, lacs, mers, océans, « dénationaliser » l'histoire de ces espaces liquides. Elle questionne une temporalité qui inscrit la traite transatlantique comme le début des relations du monde africain avec l'Europe, elle met en lumière des processus

1. Vient du latin *limen*, *liminis* qui signifie « seuil ». Faire une déclaration liminaire qui pose le contexte de ce que l'on va dire avant de le dire, c'est un outil de rhétorique.

de créolisation, qui précèdent ceux que l'on trouve ensuite dans les sociétés créoles issues de l'esclavage (par exemple les cultures swahili qui se répandent dans l'archipel des Comores et le nord de Madagascar). Les processus de créolisation – au sens de rencontres conflictuelles et fécondes – sont le produit du désordre et de l'aspiration à une certaine ordonnance du monde. Ils permettent d'étudier les traditions dans leur « impureté » ; leur étude facilite le décentrement du regard historique, d'une histoire anthropologique qui ne situe pas dans un face-à-face Nord / Sud ; elle signale l'existence de techniques africaines de navigation, d'architecture maritime, de peuples de l'eau, l'existence de cultures de frange, ces cultures diffusées par les marins, les pèlerins et les marchands dans les sociétés côtières ; elle convoque les déesses de la mer Mami Watta, ou Iemanja / Yemanja de la Grande Rivière, Yemanja de la Grande Mer, la belle dame des eaux, déesse du panthéon diasporique africain, qui donne naissance aux eaux du monde, qui fait surgir de nouvelles sources chaque fois qu'elle se tourne dans son sommeil, elle fait jaillir sources et rivières partout où elle marche ; elle convoque les esprits de l'eau, si importants dans les rituels et les cultures diasporiques ; elle redonne à l'Afrique une histoire de contacts avec les mondes asiatiques de l'Est, du Sud-Est et du Sud, qui précèdent de loin la colonisation européenne. La littérature a évoqué les mondes de l'eau comme des espaces salvateurs ou de perdition, les fleuves et rivières sont des « sources de conflit et de mystère » où « les femmes vont chercher de l'eau dans les brumes du petit matin », habités d'esprits puissants et redoutés[1].

Le fleuve est le « maître des terres », a écrit Tchicaya U Tam'si[2]. C'est donc une invitation à l'évocation de ces mondes : l'eau et la mort, l'eau et la vie, l'eau et l'échange, l'eau et la culture, l'eau et la nature.

1. Denise Coussy, *La Littérature africaine moderne au sud du Sahara*, Paris, Karthala, 2000.

2. Cité par Denise Coussy, p. 19.

Petit rappel historique

L'histoire maritime africaine ne commence pas avec la Traversée. Il est impossible ici de retracer toute sa richesse, citons rapidement, l'histoire maritime de l'Égypte et l'importance du Nil ; la traversée au XIVe siècle de la mer Rouge du « roi des rois » de l'empire du Mali, Kanka Moussa, dit aussi Mansa (« Empereur ») Musa, se rendant à La Mecque ; une histoire d'en bas des pirates, des marins, et des villes portuaires ; les échanges commerciaux avec le nord de la Méditerranée ; les échanges commerciaux, religieux, culturels et linguistiques entre les pays du Golfe, l'Inde, et des ports de ces mondes[1] ; les liens avec la Route de la soie et les liens avec l'Asie de l'Est – Indonésie, Chine ; les véritables cités-États où le commerce était libre – Kilwa, Sofala, Manda, Lamu, Mogadiscio – et leurs liens avec les villes d'Aden, d'Hormuz, de Julfar, de Muscat, de Surat, de Kozhikode (Calicut), de Malacca… ; les innombrables réseaux qui se créent dans les mondes de l'océan Indien – musulman, arménien, juif, africain ; le monde des marins,

1. À ce sujet, voir l'exposition « Africains en Inde : d'esclaves à généraux et dirigeants », commissaires Sylviane A. Diouf, directrice du Centre Lapidus pour l'analyse de l'histoire de la traite transatlantique au Centre Schomburg, et Kenneth X. Robbins, collectionneur et spécialiste d'art indien ; John C. Hawley (dir.), *India in Africa, Africa in India. Indian Ocean Cosmopolitisms*, Bloomington, Indiana University Press, 2008 ; Kenneth X. Robins et John McLeod (dir.), *African Elites in India. Habshi Amarat*, Ahmedabad, Mapin Publishing, 2006. Voir aussi Isabel Hofmeyr, « Indian Ocean Lives and Letters », *English in Africa*, 2008, vol. 35, n° 1, p. 9-23 ; Thomas R. Metcalf, *Imperial Connections. India in the Indian Ocean Arena, 1860-1920*, Oakland, University of California Press, 2007 ; Pier M. Larson, *Ocean of Letters. Language and Creolization in an Indian Ocean Diaspora*, New York, Cambridge University Press, 2009 ; Kiri N. Chaudhuri, *Trade and Civilisation in the Indian Ocean. An Economic History from the Rise of Islam to 1750*, Cambridge, Cambridge University Press, 1985 et *Asia Before Europe. Economy and Civilisation of the Indian Ocean from the Rise of Islam to 1750*, Cambridge, Cambridge University Press, 1990 ; Neville Chittick, « L'Afrique de l'Est et l'Orient : les ports de commerce avant l'arrivée des Portugais », Paris, UNESCO, 1974, p. 1-9.

des capitaines et des marchands, africains, hindous, musulmans ; le monde des traites vers l'est et les diasporas africaines ; les voyages successifs de l'amiral chinois Zheng He vers l'Afrique de l'Est. Dès le XIVe siècle, les pays de l'Afrique de l'Est échangent leurs produits contre des cotons asiatiques, des perles, de la porcelaine chinoise, de la poterie musulmane ; en 1500, le coton indien a pénétré l'Éthiopie, l'Égypte, et les autres pays de l'Afrique de l'Est et ce commerce se poursuit aux XVIIIe et XIXe siècles, malgré l'implantation des impérialismes européens[1].

Avec la Traversée, l'espace liquide et maritime africain est à jamais marqué par la mémoire de la tragédie. Il a vu passer les captifs emportés en servitude vers les Caraïbes et les Amériques et il est devenu un cimetière. Mers, océans, fleuves et rivières ont compté dans l'histoire du colonialisme et de l'impérialisme. C'est par bateaux que furent déportés les captifs ; c'est par bateaux qu'arrivèrent les armes qui ravagèrent le continent ; c'est par bateaux que les richesses de l'Afrique furent exportées vers l'Europe. Le grand poète et prix Nobel de littérature Derek Walcott a évoqué de manière magnifique et sublime ce paysage-tombeau liquide de la modernité européenne :

Où sont vos monuments, vos batailles, vos martyrs ?
Où est votre mémoire tribale ? Messieurs,
Dans ce gris coffre-fort. La mer. La mer
Les a enfermés. La mer est l'Histoire[2].

Des gris coffres-forts habités de spectres. Aujourd'hui, chaque semaine, chaque jour, des Africains se noient dans les mers qui

1. Voir Giorgio Riello et Tirthankar Roy (dir.), *How India Clothed the World. The World of South Asian Textiles, 1500-1850*, Leyde, Brill, 2009, notamment Pedro Machado, « Cloths of a new fashion : Indian ocean networks of exchange and cloth zones of contact in Africa and India in the eighteenth and nineteenth centuries ».

2. Derek Walcott, « The Sea Is History », in *Raisins de mer*, Essertines-sur-Rolle, Éditions Demoures, 1999, traduction de C. Malroux.

bordent le continent. La Méditerranée est le nouveau cimetière marin de l'Afrique, comme le sont les eaux des lagons de Mayotte, département français dans le canal du Mozambique. Vies jetables, vies qui ne comptent pas, morts sans sépulture. Dans *Un dhikri pour nos morts*, le poète et metteur en scène comorien Soeuf Elbadawi rappelle :

Il est des morts et des morts
Les nôtres s'oublieraient plus facilement
Parce que nés sur un rivage oublié du monde.
Le monde des Possédants se veut sans pitié
pour les Gens du Boutre [...]
Avec cette histoire de migration sauvage en sa propre terre
Peut-on être étranger ou clandestin sur la terre de ses aïeux[1] *?*

L'Atlantique noir a été un espace de la modernité construite par les diasporas noires dans leurs échanges avec d'autres peuples, une modernité qui va au-delà des différentes formes d'absolutismes culturels, nées de la « rencontre fatale du concept de nationalité avec celui de culture », un espace de l'hybridité et du brassage inévitable des idées[2]. L'inattendu, l'imprévisible opèrent des ruptures dans un temps qui se veut linéaire. Du commerce des corps d'Afrique, ont surgi des langues ; des expressions culturelles et artistiques, savoirs, croyances et techniques ont circulé. Les vaincus font l'Histoire. « Dans la fanfare des fous il est écrit que la lente agonie des vaincus n'empêche pas un miracle d'Outre-Monde. Il est donc possible d'arracher une ligne d'espoir aux pieds du monstre par mauvais temps[3]. »

1. Soeuf Elbadawi, *Un dhikri pour nos morts. La rage entre les dents*, La Roque d'Anthéron, Vents d'ailleurs, 2013, extraits cités sur http://la1ere.francetvinfo.fr/2013/04/23/un-dhikri-pour-nos-morts-le-drame-des-kwasa-kwasa-entre-les-comores-et-mayotte-30745.html

2. Paul Gilroy, *L'Atlantique noir. Modernité et double conscience*, Paris, Éditions Amsterdam, 2010, p. 16 et 12.

3. Soeuf Elbadawi, *Un dhikri pour nos morts. La rage entre les dents*, *op. cit.*

Si de la mer, terrain de la conquête, sont arrivés les bateaux négriers, les armes, les idéologies raciales dans les marges, les interstices, des rencontres échappent à l'hégémonie, traçant des cartographies alternatives, semant les graines des résistances. Ce que la Traversée dit, c'est qu'il n'est pas possible de comprendre la fabrication du « nègre » sans tenir compte de l'importance pour le capitalisme des techniques et des voies de communication maritimes. L'Afrique est intégrée dans le commerce global du capitalisme et dans son organisation internationale du travail, qui induit inévitablement une ligne de couleur, par la mer.

La première vague de décolonisation avait pour but de se réapproprier la terre, d'affirmer la souveraineté sur la terre natale, identifiée comme source de la vie, de l'identité, et de la nation. Notre tendance à considérer la terre comme seul lieu des échanges, conflits, tensions, nous fait oublier l'importance des mers et des océans, enjeux environnementaux, économiques, militaires, scientifiques, culturels. Nous avons laissé l'histoire maritime aux hommes et aux militaires occidentaux. La mer demeure un champ hautement masculinisé du monde du travail, de la sexualité, de l'identité et des conflits effaçant la présence des femmes. Plus que jamais, les mers sont importantes à notre compréhension du monde et de la globalisation néo-libérale. Nous assistons à un nouvel âge du monde des mers, un espace toujours dominé par l'alliance entre l'armée et la science. 90 % du commerce mondial se fait par voie maritime ; environ 99 % du trafic intercontinental, données et téléphone, est transmis sous les océans ; l'enjeu stratégique et géopolitique est immense ; des ports gigantesques sont aujourd'hui construits sur le continent africain, pour multiplier leur capacité, menaçant l'environnement, la vie des sociétés côtières, des communautés de pêcheurs. Les richesses de l'Afrique continuent à être exportées par bateaux entiers ; les enjeux économiques et scientifiques sont si importants que la compétition entre puissances est féroce. Les eaux qui bordent le continent africain sont au cœur de ces enjeux.

Afriques océaniques et éthique de la vie

Il serait temps de redonner existence à l'Afrique océanique, ne serait-ce qu'à cause de ces enjeux. La critique du capitalisme, de l'Occident, ne peut être exclusivement basée sur la terre. Retrouver l'Afrique océanique comme une source de l'imaginaire, faire la lecture d'une Afrique qui navigue, reprendre possession des eaux. *L'Afrique océanique est une archive, une histoire, une source de création.*

Marcher au bord de l'eau, boire, laver dans la rivière, naviguer, pêcher, chaque fois les dimensions symboliques associées à l'eau agissent à notre insu. Il faudrait recenser les métaphores dans les langues africaines, les pratiques, les imaginaires liés à l'eau. Grâce à ce travail, une *pensée de l'eau* née des expériences, des pratiques, et des relations africaines à l'eau apparaîtrait. Une contribution africaine à la réflexion sur de nouvelles relations entre êtres humains et la planète. Ainsi, nous pourrions partir de ce que propose le philosophe Gaston Bachelard dans *L'Eau et les rêves* : « L'imagination matérielle de l'eau est un type particulier d'imagination. Fort de cette connaissance d'une profondeur dans un élément matériel, le lecteur comprendra enfin que l'eau est aussi un *type de destin*, non plus seulement le vain destin des images fuyantes, le vain destin d'un rêve qui ne s'achève pas, mais un destin essentiel qui métamorphose sans cesse la substance de l'être. Nous étudierons les images substantielles de l'eau, où nous ferons la psychologie de "l'imagination matérielle" de l'eau[1]. » L'eau est le principal constituant du corps humain, notre vie commence dans l'eau, elle est inséparable du fonctionnement de notre cerveau, composé d'eau à 82 %, et cette eau transmet les influx nerveux et les hormones. L'eau nous aide à respirer et à nous protéger des

1. Gaston Bachelard, *L'Eau et les rêves. Essai sur l'imagination de la matière*, http://classiques.uqac.ca/classiques/bachelard_gaston/eau_et_les_reves/eau_et_les_reves_intro.html

microbes. Elle est architecte de nos corps, nous tenons debout parce que nous sommes faits d'eau car elle fabrique nutriments, globules, cellules, irrigue la peau, structure la matière vivante, et sert de réserve aux cellules et aux vaisseaux sanguins. L'eau fertilise la terre, la végétation et toute forme vivante. Il s'agirait de faire resurgir *l'imagination parlante* des Afriques océaniques et liquides. Un des objectifs de ce travail serait de mieux connaître les pensées écocritiques africaines au moment où les organisations internationales et les pays du Nord se saisissent de la question climatique et écologique[1].

L'Afrique, qui ne peut ignorer ces enjeux, peut contribuer à l'écriture d'une histoire environnementale qui n'ignore pas les conséquences de la traite, du colonialisme et de l'impérialisme dans la destruction des écosystèmes, mais non plus la conséquence de l'économie et de la logique de rattrapage qui fait du monde industrialisé du Nord le modèle à atteindre. Or, comme le démontre si bien Felwine Sarr dans *Afrotopia*[2], cette économie est une impasse et les gouvernements, experts, ou universitaires africains qui véhiculent son idéologie, perpétuent la dépendance du continent. « L'Afrique n'a personne à rattraper. Elle ne doit plus courir sur les sentiers qu'on lui indique, mais marcher prestement sur le chemin qu'elle se sera choisi. Son statut de fille aînée de l'humanité requiert d'elle de s'extraire de la compétition, de cet âge infantile où les nations se toisent pour savoir qui a accumulé le plus de richesses, de cette course effrénée et irresponsable qui met en danger les conditions sociales et naturelles de la vie. Sa seule urgence est d'être à la hauteur de ses potentialités. Il lui faut achever sa décolonisation par une rencontre féconde avec elle-même », écrit Sarr.

1. Voir par exemple : Étienne-Marie Lassi (dir.), *Aspects écocritiques. L'imaginaire africain*, Langaa Research and Publishing, 2013 ; Sunita Narain, James K. Boyce et Elizabeth Stanton (dir.), *Reclaiming Nature : Environmental Justice and Ecological Restoration*, Anthem Press, 2007.

2. Felwine Sarr, *Afrotopia*, Paris, Philippe Rey, 2016.

Il prône « une profonde révolution culturelle avant d'accoucher de l'inédit dont elle [l'Afrique] est porteuse ». Ma contribution à ce travail est de proposer une nouvelle historiographie qui croise terre et mer, eaux, berges et rivages, et qui s'appuie sur la remarque de Cedric Robinson que le préalable à l'élaboration de nouvelles théories est d'écrire de nouveaux récits[1].

Une écriture des Afriques océaniques tient compte de ses marges, rend compte d'une multitude d'imaginaires et des processus de créolisation, des cultures de frange et maritimes, des formes imprévisibles et inattendues qui résultent des zones de contact et de friction que sont les fleuves, rivières, lacs, mers et océans. Une pensée de l'écosystème africain, des êtres humains dans, à côté de, avec, les espaces liquides.

1. Cedric J. Robinson, *Black Marxism. The Making of the Black Radical Tradition*, préfacé par Robin D. G. Kelley, Chapel Hill et Londres, University of North Carolina Press, 2ᵉ édition, 2000, p. 307.

Effets de miroir : penser l'Afrique, penser le monde

par Séverine Kodjo-Grandvaux

10 décembre 2013, stade de Soweto, Johannesburg. Devant plus de quarante mille personnes, Barack Obama rend hommage au père de la nation arc-en-ciel décédé cinq jours plus tôt et salue l'homme de l'*ubuntu*, « un mot, déclare-t-il, qui incarne le plus grand don de Mandela, celui d'avoir reconnu que nous sommes tous unis par des liens invisibles, que l'humanité repose sur un même fondement, que nous nous réalisons en donnant de nous-mêmes aux autres et en veillant à leurs besoins [1] ».

Pouvant être traduit par « je suis parce que nous sommes », l'*ubuntu* appréhende l'individu dans sa relation aux autres. Dans son essai *Mandela. Une philosophie en actes*, Jean-Paul Jouary explique que ce cogito social « invite en toutes circonstances à privilégier l'intérêt commun sur celui de sa seule individualité, mais aussi à chercher toujours à s'identifier aux autres, y compris à leurs sentiments hostiles, pour régler sa propre vie ». Avant de poursuivre : « Ce principe pose en effet l'essence sociale de toute personne individuelle, comme Platon au début de la *République*, Aristote dans la *Politique* ("l'homme est un animal politique"), Épicure dans sa *Lettre à Ménécée* (puisque la sagesse qui hiérarchise les désirs pour atteindre le bonheur

1. La traduction française de ce discours est disponible à l'adresse : http://iipdigital.usembassy.gov/st/french/texttrans/2013/12/20131210288693.html#axzz4BU810cot

personnel passe aussi par "l'honnêteté et la justice"), sans oublier Spinoza qui, dans son *Éthique*, démontre que, pour atteindre le bonheur, rien n'est plus utile à l'homme qu'un autre homme guidé par la raison [...] »[1].

Curieusement, déplacée en Afrique, la question de la primauté du social sur l'individuel s'est soldée chez nombre d'ethno-/anthropologues par l'idée selon laquelle l'individu n'existerait pas au sein des sociétés traditionnelles. Et si l'individu n'existe pas, la philosophie, comme pratique autoréflexive de la raison, ne peut s'y épanouir. C'est là, selon Henri Lévy-Bruhl, l'un des critères de la « primitivité[2] » des sociétés colonisées. L'individu est un fantôme. Seul est réel le social décliné en groupe, en clan, ou en ethnie. Ainsi peut-on lire que « les Noirs s'expriment dans le collectif et non dans l'individuel[3] ». Les sociétés africaines seraient donc par nature totalisantes, voire totalitaires ; ce qui permet de justifier l'entreprise coloniale, si tant est que l'on soit convaincu de son objectif humanitaire et démocratique. La prédominance du social sur l'individu a été doublement et différemment investie. Pour les ethno-/anthropologues coloniaux, elle permettait d'attribuer aux seules sociétés colonisatrices l'existence de pensées individuelles, critiques et divergentes, c'est-à-dire de penseurs, de génies et d'artistes. À l'intérieur des ethno-/anthropo-discours africains, elle devait supposer un socialisme africain fondé sur un esprit communautaire appréhendé comme « typiquement » africain et construit en opposition à un individualisme occidental capitaliste.

1. Jean-Paul Jouary, *Mandela. Une philosophie en actes*, Paris, Le Livre de poche, 2014, p. 30 pour les deux citations.

2. Dans l'ouvrage dirigé par Jean Poirier, *Ethnologie générale* (Paris, Gallimard, « Encyclopédie de La Pléiade », 1968), Henri Lévy-Bruhl rappelle que les sociétés « primitives » se caractérisent par une faible place accordée à l'individu au sein du groupe, l'unité sociale étant non pas l'individu mais le groupe, et par indifférenciation sociale excluant la division du travail social et les classes sociales. La mentalité primitive se caractérise essentiellement par son mysticisme.

3. Marcel Griaule, *Arts de l'Afrique noire*, Paris, Éditions du Chêne, 1947.

Selon Ki-Zerbo, « l'un des éléments de base de la personnalité africaine, c'est l'esprit collectiviste. L'individualisme est aux antipodes de la mentalité nègre traditionnelle[1] ». Ce type de discours cristallise des différences en une identité asphyxiante et déterminante, comprise de manière substantielle et essentialiste grâce à une approche holistique : les individus sont confondus et noyés dans un social englobant. L'individu est subsumé par la société dans laquelle il s'insère et qui, en retour, le détermine.

Ce qui est en jeu, c'est la possibilité même pour un individu de se construire, de se penser en tant qu'être humain, c'est-à-dire comme sujet agissant, libre et responsable au sein d'une société. Penser l'intégration de l'individu à la société peut aussi être l'occasion de comprendre que l'individu n'est pas une entité isolée mais un être humain composé de rapports sociaux. Seuls, nous ne sommes rien. Les rapports individu-communauté sont à approfondir afin de penser l'individu dans la société et non contre elle. En cela, l'*ubuntu* nous rappelle cette essence sociale de l'individualité humaine. Mais pas seulement. Elle implique le respect de l'humanité d'autrui, en ce qu'elle pose la valeur irréductible de la vie humaine. Au final, c'est de l'humanité d'autrui que je tire la mienne. Cela induit une éthique qui repose sur la prééminence de la réparation et de la compréhension sur la punition. Ce qui, très concrètement, suppose lors de la gestion d'un conflit la recherche permanente de la conciliation et le refus de la vengeance. Dans ce sens, la politique de Nelson Mandela aura été un exemple parfait. Madiba avait compris qu'il ne pourrait fonder une société postapartheid juste sans y associer les anciens bourreaux. Pour cela, il lui a fallu comprendre son ennemi afin de parvenir à le toucher au cœur pour le ramener au sein de l'humain, aussi barbares ses actes ont-ils pu être. Du fond de sa cellule de Robben Island, Mandela s'est efforcé de concentrer son combat non pas contre les Blancs mais contre

1. Joseph Ki-Zerbo, « La personnalité négro-africaine », *Présence Africaine*, n° 41, 2e trimestre 1962, p. 138.

un système totalitaire, ségrégationniste et raciste. Soigner la société sud-africaine des blessures causées par le régime de l'apartheid supposait alors de prendre soin des victimes, bien sûr, mais aussi de ceux qui les ont persécutées afin de construire ensemble une nouvelle humanité. Mandela nous enseigne alors que nous devons regarder notre ennemi comme l'un des nôtres et nous apprend à nous tourner vers nous-mêmes afin de pouvoir mieux accéder à ce qui compose l'altérité de celui qui nous fait face, à son intériorité, afin de le comprendre et d'adapter notre attitude en fonction de ce qu'il est. Aussi faut-il, ainsi que nous y convie Felwine Sarr, pratiquer une philosophie du bassaï qui nous encourage à « projeter son soi dans et à travers l'adversaire. Pénétrer son esprit avant de pénétrer son corps. Ne faire qu'un avec lui[1] » afin de mieux le terrasser.

Vaincre son ennemi n'est pas le réduire à néant. C'est parvenir à dépasser le sentiment de vengeance. Pour ce faire, l'acte de juger à lui seul ne suffit pas. Si l'on veut guérir ce qui, dans le mal subi, touche à la subjectivité, au ressenti et à la dignité, on doit accompagner le jugement d'une mise en paroles des souffrances, d'une verbalisation et d'une écoute ainsi que l'ont démontré différentes formes de justice africaine traditionnelle comme les *gacaca* au Rwanda où, au lendemain du génocide, la parole a joué un rôle central. Par le récit des faits et des actes, elle visait à faciliter l'identification à la souffrance des victimes en provoquant la honte de ceux qui l'ont causée. Il s'agissait de récréer les bases d'une société pacifiée, « sans effacer les crimes de la mémoire, sans enterrer le souci de vérité, et en développant les conditions d'une citoyenneté active[2] » qui se sera débarrassée autant que faire se peut du sentiment de vengeance et dont aura besoin la construction d'une véritable démocratie.

C'est ce que le philosophe camerounais Jean-Godefroy Bidima a théorisé dans son essai *La Palabre. Une juridiction de la*

1. Felwine Sarr, *Dahij*, Paris, Gallimard, « L'Arpenteur », 2009, p. 20.
2. Jean-Paul Jouary, *Mandela. Une philosophie en actes*, *op. cit.*, p. 165.

parole[1] où il explique que, dans cette pratique verbale de la justice, il est question de soigner à la fois le collectif et l'individuel. La palabre cherche à réhabiliter l'autre, victime ou coupable, et à le reconnaître en tant que tel comme membre à part entière de la société. On retrouve là ce qu'implique la notion d'*ubuntu*, celle de *gacaca* mais aussi d'autres formes traditionnelles de justice. En beti, explique Jean-Godefroy Bidima, juger se traduit par « couper le litige » (*Tsig adzo*), c'est-à-dire séparer, distinguer les parties et suspendre le conflit. Tout ce qui tourne autour de l'acte de juger utilise le mot *tsig* qui signifie « couper », car la notion de séparation n'est possible que parce qu'elle est le pendant de celle de liaison, de mise en rapport. Le jugement, c'est ce qui met ensemble ce qui est éparpillé. L'horizon du juge est donc l'être-avec, il doit se comprendre comme appartenant à une communauté, parce que « la pertinence d'un jugement n'a lieu que si ce dernier à une signification pour la communauté[2] ». Le jugement n'a de valeur que s'il renforce l'espace commun, celui du vivre-ensemble. Or cet ethos communautaire qui permet au groupe de se souder autour de certaines valeurs et de certaines manières de gérer le fonctionnement de la société est mis à mal dans les situations africaines contemporaines. « Les tribunaux dits coutumiers qui ont été érigés pendant la colonisation ont évacué la dimension de l'ethos qui fondait quelque part la relation fiduciaire entre les Sujets et la justice[3]. » Contrairement à la justice de facture occidentale qui traite les membres de la société dans leur individualité, cette justice africaine privilégie le collectif en ce qu'elle n'isole pas les individus. Ces derniers ne comparaissent jamais seuls, mais ils sont assistés par leur famille. Un parent peut parler en leur nom.

1. Jean-Godefroy Bidima, *La Palabre. Une juridiction de la parole*, Paris, Éditions Michalon, « Le Bien commun », 1997.

2. Jean-Godefroy Bidima, « L'acte de juger et le magistrat : de la pré-compréhension à l'occasion », *Rue Descartes*, n° 36, 2002, p. 194.

3. Jean-Godefroy Bidima, « Rationalités et procédures juridiques en Afrique », *Diogène*, n° 202, 2003, p. 86.

À la logique d'indemnisation renvoyant à une justice distributive qui cherche à compenser de manière arithmétique et dans un rapport marchand – on doit payer sa dette – le tort subi, s'oppose la logique de réparation reposant sur une justice asymétrique qui appréhende le futur et cherche à « rafistoler » le lien rompu. Est-ce là finalement si différent de ce qu'écrit Paul Ricœur sur le Juste[1] lorsqu'il explique que la réparation du lien social brisé n'est pas envisageable sans la reconnaissance mutuelle ? À la fin du procès, le gagnant doit être capable de toujours appréhender le perdant comme sujet de droit. Ce dernier, quant à lui, doit admettre que la sentence n'est pas un acte de violence mais de reconnaissance. Il s'agit de réhabiliter l'autre et de rétablir chacun dans l'estime publique et dans l'estime de soi. La justice doit veiller à ce que l'honneur de la victime mais aussi celui de la partie perdante soient préservés.

L'importance de ce cogito social a fait dire parfois à certains philosophes africains que le cogito cartésien, le fameux « je pense donc je suis », ne pouvait faire sens en Afrique, voire était intraduisible dans les langues africaines, soulevant là le problème des intraduisibles en philosophie ainsi que la question de la possibilité de philosopher en langues africaines. Kwasi Wiredu, qui s'est longuement penché sur cette question[2], a tenu à réhabiliter les langues africaines. Contrairement à une certaine approche coloniale – comme celle de Tempels et sa *Philosophie bantoue*[3] – ou à certaines approches africaines qui cherchaient une philosophie ethnique dans une langue (dégager la philosophie du peuple bantou à partir de la langue bantoue), il s'agit avec Kwasi Wiredu de philosopher – ce qui ne signifie pas nécessairement

1. Paul Ricœur, *Le Juste I*, Paris, Éditions Esprit, Série « Philosophie », 1995.
2. Voir notamment Kwasi Wiredu, *Cultural Universals and Particulars. An African Perspective*, Bloomington et Indianapolis, Indiana University Press, 1996.
3. Placide Tempels, *La Philosophie bantoue*, Paris, Présence Africaine, 1949, traduction de A. Rubbens.

écrire – dans ces mêmes langues afin de produire une réflexion qui s'organise autour de catégories considérées comme africaines et de concepts qui n'existent pas dans la pensée européenne. La « décolonisation conceptuelle », à laquelle invite le philosophe ghanéen, s'entend en partie comme une opération déconstructive des concepts classiques des philosophies occidentales qui doit aboutir à la synthèse des philosophies traditionnelles et modernes afin de forger une philosophie adéquate au monde contemporain. Il s'agit de distinguer parmi les concepts et les dualismes conceptuels occidentaux, en testant leur validité, ceux qui sont universels et ne dépendent ni d'une langue ni d'une culture – Wiredu les qualifie de « considérations indépendantes » –, de ceux qui, au contraire, sont particuliers et propres à une culture. Il entend ainsi démasquer les faux universalismes en interrogeant la possibilité de la traduction des concepts occidentaux dans les langues africaines et inscrit alors sa pratique philosophique dans les traditions analytique et pragmatique. Kwasi Wiredu déconstruit des concepts occidentaux classiques et les re-modèle en y introduisant des éléments présentés comme akan. Il opère à partir de la traduction problématique de quelques mots-concepts anglais. Les difficultés de traduction donnent à penser et permettent de mettre en relief certains problèmes philosophiques, leur universalité ou leur caractère particulier. Elles dévoilent les structures conceptuelles occidentales et révèlent que certains problèmes dépendent de la langue utilisée et trouvent leur sens à l'intérieur d'une langue particulière ; ce qui laisse entendre que certains problèmes philosophiques sont en fait des problèmes linguistiques. Ainsi, selon Wiredu, la langue akan invalide-t-elle la théorie de la vérité comme correspondance. En exprimant par la même expression « *nea ete saa* », « ce qui est » et « ce qui est vrai », la langue akan ne peut pas conduire, nous dit-il, à une théorie de la vérité comme correspondance qui fasse sens, car elle serait tautologique. Il s'agit donc là d'un problème philosophique authentique uniquement dans la langue anglaise et les langues qui lui sont apparentées – ce qui ne veut pas pour autant dire qu'il ne fait pas sens.

Une notion exprimée par l'usage d'un seul mot dans une langue donnée, même si elle n'a pas d'équivalent direct dans une autre langue[1], peut être néanmoins comprise et formulée par plusieurs mots. L'effort de traduction doit nous amener à réfléchir sur la valeur et la validité de cette notion. Le recours à une proposition pour exprimer un concept ne signifie pas que ce concept est inexistant dans cette langue – ce que Wiredu semble quelquefois oublier malgré ses précautions. La traduction fonctionne comme un révélateur en ce qu'elle met en relief la logique d'un texte et l'étrangeté de certains sens d'un mot. Elle souligne et clarifie. Traduire, c'est interpréter et donc déjà philosopher. C'est produire un nouveau texte. Le philosophe-traducteur est un herméneute. L'expérience de la limite, de la « négativité première du langage[2] » que fait le traducteur l'oblige non plus à rapporter mais à parler, à chercher des solutions aux intraduisibles, à ruser, à produire un métadiscours de justification ou alors à inventer de nouveaux mots. Deleuze pensait qu'« on a parfois besoin d'inventer un mot [qui est] comme barbare, pour rendre compte d'une notion à prétention nouvelle[3] ». Contrairement à ce qui a pu être avancé, toute langue, qu'elle soit africaine ou non, peut être philosophique et charrier avec elle des notions riches de sens à explorer. Dans cette optique, Felwine Sarr invite à se pencher sur des concepts issus des cultures africaines, comme ceux de *jom* (dignité), de *teranga* (hospitalité), de *kersa* (pudeur, scrupule), de *ngor* (sens de

1. Wiredu rejoint là les analyses de Saussure selon lesquelles une langue n'est pas une nomenclature et deux langues ne correspondent pas à deux nomenclatures dont il existerait une concordance biunivoque : il n'y a pas d'équivalence terme à terme.

2. François Cusset, *French Theory. Foucault, Derrida, Deleuze & Cie et les mutations de la vie intellectuelle aux États-Unis*, Paris, La Découverte, 2003, p. 101.

3. Gilles Deleuze, « Animal » dans *L'Abécédaire* [enregistrement vidéo, 1988].

l'honneur), d'*imihigo* (engagement envers la communauté)… afin de penser le vivre-ensemble[1].

Comprise comme terre d'accueil qui joue de manière autre et nouvelle ce qu'elle réceptionne, comme l'épistémê occidentale, ce qu'on appelle de manière lâche « la philosophie africaine » se construit ainsi comme rencontre et création, comme détour, le moment où d'autres philosophies sont déviées de leur trajectoire initiale afin de les renouveler. Elle se multiplie et se fragmente de la sorte. Elle se *kaléidoscope*. Effets de miroir inépuisables, les philosophies occidentales et africaines se renvoient les unes aux autres, fournissant des lieux de rencontre où s'entremêlent les images, les reflets de soi et de l'autre. Ainsi peut-on « lire l'Afrique par l'intermédiaire de Foucault », mais, de manière inverse et semblable, il est tout aussi éclairé de « lire Foucault par l'intermédiaire de Mudimbe[2] », qui entreprend de dessiner l'archéologie des discours et des savoirs occidentaux sur l'Afrique[3]. Les philosophies africaines opèrent des déterritorialisations et des reterritorialisations de philosophies et de concepts qui leur sont étrangers. Elles jouent avec les disciplines : ethno/anthropologie, philosophie, histoire, psychologie, sociologie, littérature se mêlent confusément et se combinent ensemble.

Anthony Mangeon a qualifié de façon fort à propos cette combinaison des sciences humaines d'« indiscipline », comprise comme une « transgression des frontières disciplinaires plutôt que comme une "désintégration des disciplines" elles-mêmes ; et […] dans un tel contexte, les interprétations constituent "une hybridation des pratiques discursives"[4] ». « Les "disciplines",

1. Felwine Sarr, *Afrotopia*, Paris, Philippe Rey, 2016.

2. Mantha Diawara, « Reading Africa through Foucault : V. Y. Mudimbe's re-affirmation of the subject », *Quest*, vol. IV, n° 1, juin 1990, p. 79-92.

3. V. Y. Mudimbe, *The Invention of Africa : Gnosis, Philosophy, and the Order of Knowledge*, Bloomington, Indiana University Press, 1988.

4. Anthony Mangeon, *Lumières noires, discours marron. Indiscipline et transformations du savoir chez les écrivains noirs américains et africains ; itinéraires croisés d'Alain Leroy Locke, V. Y. Mudimbe et de leurs contemporains*,

précise-t-il, ne sont pas que des unités ou des découpages du savoir ; elles désignent aussi des régimes conceptuels et les habitudes cognitives qui les caractérisent. L'indiscipline revient dès lors à infléchir/réunir plusieurs savoirs, en même temps que les régimes de pensée qui les traversent[1]. » Elles deviennent des philosophies de la traversée, ainsi que le conçoit Bidima, c'est-à-dire des pensées qui se refusent « aussi bien au repli identitaire, névrotique et revendicatif, qu'à une dissolution dans un universalisme coagulant[2] ». La traversée est ce concept qui contourne le piège de la question de l'universalité ou de la particularité de la philosophie africaine et qui permet de la penser autrement, comme tradition philosophique qui ne valorise non pas tant le donné que le mouvement. Elle est cette pensée qui cherche à dire « de quels pluriels une histoire déterminée est faite ». Elle est une pratique, une attitude face au réel, l'envie d'y déceler le multiple et le divers, de percevoir le potentiel et le non-encore exprimé, de démêler le confus et le non-dit.

Le monde du philosophe occidental ne se réduit plus à l'Occident, mais toute l'humanité, à des degrés divers, selon des modes différents, y est impliquée. Si philosopher, c'est apprendre à mourir, ainsi que l'enseigne Socrate (*Phédon*), c'est-à-dire apprendre à dépasser le moi partial et partiel que nous sommes, à nous défaire de nos préjugés et à nous délivrer de notre vision étriquée, pour nous diriger vers l'universalité de l'Homme, alors nous pouvons admettre que penser la philosophie africaine, penser *avec* les philosophes africains, c'est aussi *nous* penser et penser *ensemble* le monde dans lequel nous sommes tous engagés. La philosophie doit être cette ouverture à

---

thèse soutenue à l'Université de Cergy-Pontoise le 17 décembre 2004, p. 771.

1. Anthony Mangeon, *La Pensée noire et l'Occident. De la bibliothèque coloniale à Barack Obama*, Cabris, Sulliver, 2010, p. 233.

2. Jean-Godefroy Bidima, *L'Art négro-africain*, Paris, Presses universitaires de France, « Que sais-je ? », n° 3226, 1997, p. 108.

l'Autre. Penser la philosophie africaine devient une manière de nous penser et d'apprendre à nous connaître nous-mêmes, à travers le regard de l'autre. Cette croisée des perspectives et cette fragmentation des regards permettent de pratiquer la rencontre dans ce qu'elle a de plus inattendu, lorsqu'elle nous dépouille de ce que nous sommes pour nous révéler à nous-mêmes. Penser la philosophie africaine, c'est d'une certaine manière *nous* penser. Nous le réaffirmons. C'est penser l'homme dans son inscription au monde. En appréhendant la philosophie telle qu'elle se pratique et se vit en Afrique, telle que les philosophes africains l'éprouvent, le penseur occidental est amené à pratiquer un exercice d'auto-réflexion qui lui permet, à rebours, de comprendre les limites et la particularité de l'activité philosophique au sein de sa propre culture. Parce que l'histoire de l'Afrique depuis des siècles est intimement liée à celle de l'Occident, des échanges, des rencontres intellectuelles ont modifié les modes traditionnels de vie et de penser. Mais surtout parce que nous sommes au sein même de l'humain, de communes préoccupations demeurent.

Le concept de la traversée en privilégiant les rencontres, le mouvement, les fusions et les médiations, en multipliant les perspectives et en choisissant de croiser les expériences, nous suggère que le philosophe peut être ce nomade qui erre de lieu en lieu. Errer, ce n'est pas nécessairement se tromper et divaguer. C'est aussi la possibilité de traverser des réalités différentes, de les habiter, d'accepter l'imprévisible et le non-encore, parce que justement l'on refuse de marcher sur un chemin tracé d'avance et d'y être entravé. Pratiquer la philosophie comme errance, c'est appréhender la pensée comme « cheminement à la rencontre de soi par l'autre, à la rencontre de l'autre par la médiation de soi[1] », ainsi que nous y invite Jacques Nanema. « Philosopher, précise le philosophe burkinabè, c'est non se recroqueviller sur soi, sur son groupe culturel, sur les idoles du jour ou de la nuit de l'époque

1. Jacques Nanema, « Philosopher aujourd'hui en Afrique : obstacles et enjeux pour un développement approprié », *Alternatives Sud*, 2003, p. 66.

dans laquelle on vit, mais s'ouvrir au monde, aux sens physique et social du terme, s'exposer à l'altérité pour grandir d'elle. » L'Europe, l'Occident n'ont pas toujours été capables d'une telle ouverture. Gageons qu'ils puissent le devenir et qu'ils puissent s'extraire du monologue incessant avec eux-mêmes, sans quoi leurs pensées se scléroseront et se figeront. Si l'absence de la philosophie africaine – et des autres pensées – au sein de l'institution philosophique française devait perdurer, il est à craindre alors qu'une certaine France ne parvienne à se dégager de son complexe de civilisation. Considérer que l'on n'a rien à apprendre de l'Autre mais qu'au contraire, l'on a tout à lui enseigner est une manière de poursuivre la soi-disant « mission civilisatrice » de la colonisation. Comprise comme pratique de l'errance et de la rencontre, comme recherche de soi à travers l'altérité, la philosophie peut devenir l'activité qui permette de sortir de ses préjugés et de dépasser l'autosatisfaction et l'autocélébration. Qui sait aujourd'hui en France, que dès la période axoumite de la fin du IVe siècle à la fin du VIIe siècle, l'on traduisait Aristote en Éthiopie ; Aristote que l'on traduisait et débattait également à Tombouctou entre le XIIIe et le XVIe siècle ? Qui sait aujourd'hui en France qu'au moment où Descartes publie le *Discours de la méthode* en 1637, un Éthiopien Zera Yacob écrit un traité de philosophie rationaliste, *Hatata*, qui défend l'importance de la raison dans tout jugement et qu'il publiera en 1667 ? Nos enfants n'ont-ils pas le droit de l'apprendre dans leurs classes et leurs cours de philosophie ?

Penser de langue à langue

par Souleymane Bachir Diagne

« La langue des langues c'est la traduction. »

Ngugi wa Thiong'o

Éloge du bilinguisme

En 1937, Léopold Sédar Senghor a donné à la chambre de commerce de Dakar une conférence publique dont une version est publiée dans le premier volume de la série des *Liberté* sous le titre « Le problème culturel en AOF ». Elle devait faire grand bruit. L'administration coloniale avait voulu, en organisant l'événement, présenter au monde de la colonie, depuis la capitale de l'Afrique occidentale française, celui qui était devenu, deux ans auparavant, le premier agrégé africain : le placer ainsi sur la sellette et sous les feux de la rampe visait à montrer « l'homme nouveau » que pouvaient créer la culture, la langue française : l'agrégé, rappelons-le, l'était en grammaire.

Mais Senghor s'était aussi mis en tête à cette époque d'écrire une thèse sur quelques-unes des langues sénégambiennes. Sa conférence ce jour-là devait montrer qu'il ne s'agissait pas seulement pour lui de se faire ainsi l'ethnolinguiste d'idiomes locaux qui ne sauraient être des langues au même titre que celle, impériale, qui n'avait plus de secret pour le grammairien et poète déjà, qu'il était. Car voici que le sujet de sa conférence est cette proposition que « l'homme nouveau » (une expression d'Alain Locke) est bien plutôt le bilingue, c'est-à-dire celui qui sait vivre et penser dans plus d'une langue, également en français et en bambara, en français et en sérère, en wolof, etc. « Également » : c'est cette équivalence établie par le poète entre la langue impériale et les langues que l'on appelait « vernaculaires » qui rendit perplexe le public venu l'écouter et d'abord l'establishment colonial qui ne l'avait invité, répétons-le, à donner cette conférence, que pour l'entendre chanter les louanges de la langue française. Certainement pas pour le voir mettre celle-ci, en quelque façon, sur un pied d'égalité avec les parlers indigènes.

L'espace colonial, par définition, n'est pas un espace de réciprocité. Il ne l'est pas en général et pour ce qui concerne les langues en particulier. Une langue impériale s'y pose comme étant le logos incarné et les idiomes locaux y ont à peine un statut de langue. Or le propos de Senghor consistait *de facto*, peut-être même au-delà de la revendication explicitement formulée, d'une part à établir une comparaison (c'est-à-dire une équivalence) entre langue impériale et langue indigène, d'autre part à proclamer la valeur de l'humain qui aura appris à être bilingue, c'est-à-dire à cultiver la capacité de se décentrer, de voir les choses de plus d'une perspective, à partir de plus d'une langue.

C'est cette capacité que j'appelle penser de langue à langue. Je préfère cette formulation à « penser entre les langues » car il n'y a pas de lieu intermédiaire, pas de langue intermédiaire. Ngugi wa Thiong'o écrit ainsi que la langue des langues est la traduction. Et je voudrais soutenir ici que penser de langue à langue est la condition pour le développement de la pensée philosophique en Afrique (et partout, d'ailleurs, pas seulement en Afrique).

Je ferai trois remarques avant de revenir à cette proposition : « Penser l'Afrique, la philosophie en Afrique, de langue à langue ».

Je rappellerai en premier lieu que la conférence de la chambre de commerce de Dakar date de 1937, soit deux ans avant la publication du premier grand article de la négritude senghorienne, « Ce que l'homme noir apporte », où il a écrit entre autres choses cette formule qui lui est tant reprochée : « L'émotion est nègre comme la raison est hellène. » On en fait trop souvent l'alpha et l'oméga de sa pensée. Ce n'en est certes pas l'oméga puisque sur ce propos il reviendra encore et encore dans le mouvement d'une pensée qui, après 1939, s'est déroulée sur plus de quarante ans encore, pour expliquer, en philosophe bergsonien qu'il était, qu'émotion et raison ne partagent pas des humanités séparées mais constituent deux modes de connaissance du réel mis en œuvre par une humanité partout la même. Cette connaissance est autant raison analytique que saisie intuitive, dans l'émotion, des choses. Et ce n'en est pas l'alpha non plus, que je vois plutôt, pour ma part, dans ce propos premier sur la valeur du bilinguisme.

C'est le lieu d'évoquer – et ceci est ma seconde remarque – la manière dont ce thème de la comparabilité de la langue indigène avec la langue impériale va devenir central dans le contexte colonial puis postcolonial. Il constitue ainsi une dimension essentielle de ce grand classique de la littérature francophone qu'est le roman d'Ousmane Sembène, *Les Bouts de bois de Dieu*. Ce livre est le récit d'une longue grève des travailleurs ouest-africains du chemin de fer, tout à la fois sociale et anticoloniale. Lorsqu'au prix d'énormes sacrifices et après bien des péripéties les grévistes imposent à l'administration coloniale une négociation ouverte, d'égal à égal, il se pose une question : celle de la langue dans laquelle la négociation devra être menée. Évidemment il s'agit pour les meneurs qui avaient montré la volonté de parler wolof, dans une nouvelle provocation, d'en rajouter pour désarçonner et mettre en colère une administration pour qui il allait tout naturellement de soi que l'on parlerait dans la langue impériale. Un des leaders grévistes mettra fin au désarroi sur cette question en déclarant : « Il n'y a pas de langue intermédiaire, alors va pour le français. » Évidemment le leader syndical n'avait jamais douté que les négociations se feraient en français. Mais le but était bien sûr le fait même que la question fût publiquement posée en présence des administrateurs coloniaux (à qui il était ainsi fait la remarque qu'ils ne connaissaient rien des langues de ceux qu'ils administraient) et en présence des grévistes, devenus de véritables insurgés, à qui on indiquait que leurs propres langues maternelles eussent pu parfaitement prétendre à être celles des négociations qui s'annonçaient. Dans l'espace asymétrique qu'est l'espace colonial la question de Bakayoko faisait ainsi naître, un instant, l'idée d'une réciprocité ; elle déclare qu'une langue est toujours inscrite dans le pluriel d'autres idiomes et que cela vaut aussi bien pour l'impériale. Par sa question et par la réponse qu'il y apporte lui-même : « Il n'y a pas de langue intermédiaire, alors va pour le français », Bakayoko procède à une provincialisation de la langue française, pour reprendre le célèbre mot de Chakrabarty.

On pourrait aussi bien parler ici d'une « position athée » de Bakayoko vis-à-vis de la langue impériale en adoptant la définition que donne de ce mot Pascale Casanova, qui écrit : « Il n'y a qu'une seule façon de lutter efficacement contre une langue dominante, c'est d'adopter une position "athée" et, donc, de ne pas croire au prestige de cette langue, d'être persuadé de l'arbitraire total de sa domination et de son autorité[1]... »

Ma troisième remarque est précisément pour examiner ce que l'on pourrait considérer comme la « naïveté » d'un éloge du bilinguisme et de la traduction au regard du constat, fait par Pascale Casanova entre autres, que le bilinguisme entérine la domination bien plus qu'il ne la remet en question. Que vaut un bilinguisme en bambara et français dans un monde où être, pour une langue et la culture qu'elle exprime, c'est être traduit dans une langue dominante ?

1. Pascale Casanova, *La Langue mondiale. Traduction et domination*, Paris, Seuil, 2015, p. 15.

Le philosophe comme traducteur

Dire la valeur du bilinguisme en réponse à la situation faite par le colonialisme aux langues d'Afrique ce n'est pas de la naïveté car penser de langue à langue c'est, avant la question d'une politique des langues, avant la question de la domination, une question épistémologique. Il ne s'agit pas qu'une langue dominée s'engage dans une absurde concurrence avec la langue impériale. Ou d'adopter une « position athée » dans le seul but de se dire que la langue impériale n'est pas si impériale que ça. Mais de s'aviser du pluriel des langues et de tirer les conséquences de ce que, par exemple, nous philosophons toujours dans une langue donnée, dans des mots et selon des constructions qui nous inclinent à penser selon une certaine pente.

On peut ici tirer leçon d'auteurs aussi différents qu'Edward Sapir, l'abbé de Condillac, le philosophe rwandais Alexis Kagame ou le linguiste français Émile Benveniste.

Sapir écrit ainsi que : « Peu de philosophes ont daigné examiner la morphologie des langues primitives ou accordé aux particularités structurelles de leur propre idiome plus qu'une attention rapide et distraite. Quand on tient entre ses mains l'énigme de l'univers, un tel examen apparaîtra assez trivial, et pourtant lorsqu'on commence à s'aviser qu'au moins certaines solutions de la grande énigme sont des manières détournées mais minutieuses d'appliquer les règles de la grammaire du latin, de l'allemand ou de l'anglais, le caractère trivial de l'analyse linguistique devient moins certain. À un degré bien plus important qu'il ne pensait, le philosophe est susceptible d'être la dupe de ses modes d'expression, ce qui revient à dire que le moule de sa pensée, qui est bien évidemment un moule linguistique, est de nature à se projeter dans sa conception du monde. Ainsi d'innocentes catégories linguistiques peuvent prendre l'imposante apparence d'absolus cosmiques. Ne serait-ce donc que pour échapper au verbalisme, il serait bon que le philosophe examine de manière critique les fondements et limitations linguistiques de sa pensée[1]. »

Voilà donc le conseil de Sapir aux philosophes : penser de manière critique, c'est aussi penser depuis une langue totalement autre, celle des « primitifs ». Ou alors, à défaut, examiner sa propre argumentation depuis une certaine distance vis-à-vis de sa propre langue pour voir ce qu'elle doit aux tournures linguistiques par lesquelles on s'exprime. C'est ce qu'une langue autre dans laquelle on se traduit permet de faire plus aisément.

C'est à un exercice de cette nature que l'abbé de Condillac invite le philosophe Malebranche dans la critique qu'il fait d'un argument de ce dernier qui doit toute sa force persuasive, estime-t-il, au fait qu'il est pensé et exposé en français. Voici comment se présente l'argument de Malebranche : « [...] de même que tous les mouvements se font en ligne droite, s'ils ne trouvent quelques causes étrangères et particulières qui les déterminent, et qui les changent en des lignes courbes par leurs oppositions ; ainsi, toutes les inclinations que nous avons de Dieu sont droites, et elles ne pourraient avoir d'autre fin que la possession du bien et de la vérité, s'il n'y avait une cause étrangère qui déterminât l'impression de la nature vers de mauvaises fins[2] ».

Qu'aurait fait Malebranche, demande alors Condillac, si cette expression métaphorique des « inclinations droites » n'avait pas été française ? L'analogie qui constitue, estime-t-il, tout l'argument repose tout entière sur le fait qu'en français « droit » s'emploie aussi bien dans l'expression « se mouvoir en ligne droite » que dans « se comporter de manière droite ». Que serait

1. Edward Sapir, « The grammarian and his language » (1924), in *Selected Writings of Edward Sapir in Language, Culture, and Personality*, Los Angeles et Berkeley, University of California Press, 1949, p. 157.

2. Le texte de Malebranche est ici cité par Condillac dans son *Traité des systèmes* disponible sur le site http://classiques.uqac.ca/classiques/condillac_etienne_bonnot_de/traite_des_systemes/condillac_traite_des_systemes.pdf

l'argument, demande Condorcet, si Malebranche pensait et écrivait dans une autre langue, qui ne ferait pas usage de la même manière du mot « droit » ?

Se demander ce que mon argument doit à la langue dans laquelle il se déroule est une manière de voir l'intérêt qu'il y a de penser de langue à langue, d'une langue à l'autre. Quand Édouard Glissant déclare toujours écrire « en présence de toutes les langues du monde », on peut comprendre ainsi son propos. Il parle non pas bien entendu de la présence actuelle de toutes les langues humaines mais de ce que fait à mon propos la pleine conscience que la langue dans laquelle j'écris est la réalisation d'un possible d'entre une infinité de possibles, que les concepts que j'emploie sont d'abord les mots d'une langue d'entre les langues.

De ce qu'aucune langue n'a le privilège d'être le logos même, le philosophe rwandais Alexis Kagame a tiré la conclusion relativiste qu'à chaque langue ses catégories, et donc, sa philosophie.

Kagame est en effet celui qui, en 1956, dans *La Philosophie bantu-rwandaise de l'être*[1], a attiré l'attention sur ce que les catégories d'Aristote devaient à la langue grecque, la question de l'être étant aussi celle des manières d'y employer le verbe « être ». La date 1956 indique que son constat précède de deux ans l'article d'Émile Benveniste de 1958 sur le même propos : « Catégories de langue, catégories de pensée ». Le linguiste qui compare (au sens de poser sur un pied d'égalité) le grec et les langues à copule à l'ewe est d'accord avec le philosophe rwandais pour dire que ce qui se présente dans la table aristotélicienne des catégories comme grammaire universelle de la pensée doit d'abord être examiné comme étant en premier lieu la grammaire du grec.

La conséquence que tire Kagame de ce constat est que penser philosophiquement en langues africaines c'est mener

1. Alexis Kagame, *La Philosophie bantu-rwandaise de l'être*, Bruxelles, Académie royale des sciences d'outre-mer, vol. XII, 1956.

une démarche analogue et parallèle d'exhumation de catégories proprement africaines. Bref: à chacun sa pensée selon les catégories de sa langue.

Je ne crois pas cette conclusion relativiste et séparatiste nécessaire. Il est certainement important que la pensée philosophique en Afrique s'écrive aussi dans les différentes langues africaines et pas seulement en français, anglais, espagnol ou portugais (qu'il faut considérer aussi des langues d'Afrique, que cela soit bien clair). Mais cela ne veut pas dire pour autant «à chaque langue sa philosophie».

Au contraire, penser de langue à langue c'est viser une «langue des langues» et considérer, comme l'a écrit Ngugi wa Thiong'o, que celle-ci n'est autre que la traduction.

Que philosopher en Afrique (et ailleurs) ce soit traduire, c'est la leçon que porte la pensée de Kwasi Wiredu. Dans un essai important, il réfléchit à la définition par le logicien Tarski de la vérité. Il met cette définition à l'épreuve de la langue akan, pour paraphraser le titre d'Antoine Berman consacré à la traduction comme «l'épreuve de l'étranger». Rencontrer l'intraduisibilité de la définition de Tarski en akan ne doit conduire ni à un scepticisme définitif (la traduction se fait toujours sur fond d'intraduisible mais elle se fait) ni à la conclusion qu'il faut philosopher de manière radicalement autre en langue akan. C'est plutôt comprendre la nécessité et la valeur de philosopher dans un va-et-vient entre l'anglais et l'akan.

Penser l'Afrique, penser en Afrique, c'est penser en traduction, dans les langues africaines et les langues d'Afrique aussi que sont aujourd'hui le portugais, le français ou l'anglais. C'est penser dans le va-et-vient, c'est penser de langue à langue. Certes les langues africaines sont des langues dominées comme toutes le sont aujourd'hui, à des degrés divers, par l'anglo-américain *of course*. Mais dans la domination de la ou des langue(s) mondiale(s) elles doivent devenir des langues de création, de science, de production philosophique. On sait à quel point le devenir philosophique des langues est lié à la traduction. Le latin ou l'arabe l'attestent.

Parler de la traduction comme réciprocité, pour conclure en revenant sur ce point, n'est pas naïveté. J'ai fait souvent l'expérience qu'une maison d'édition américaine me demande mon avis sur une œuvre en français qu'elle pourrait envisager de traduire. Il m'est toujours demandé de répondre en toute candeur à la question suivante (qui manifeste que la traduction est bien inégalité et politique) : Est-ce que ceux que ce texte est susceptible d'intéresser ne sont pas justement ceux qui le liraient en français de toute façon ? Auquel cas, bien sûr, il serait inutile de traduire dans la langue dominante : l'œuvre parle déjà, sans truchement, à ceux à qui elle s'adresse. Ma réponse est toujours de dire que c'est peut-être vrai, que c'est sans doute vrai, mais que considérer la possibilité de lecteurs qui viendraient au texte par sa traduction, et ce que cette traduction elle-même comporte comme leçon de décentrement et, oui, de réciprocité, cela a valeur en soi. Une valeur éthique.

L'Afrique à l'université américaine

par Dominic Thomas

> «L'art n'a de liberté que si le territoire où il s'exerce ou d'où il provient respire la liberté.»
>
> Alain Mabanckou[1]

Depuis longtemps on note dans le monde anglophone – et particulièrement en Amérique – l'existence et la généralisation des départements de littérature et d'études africaines francophones. À l'opposé, en France, cette «révolution» tarde encore à éclater. En effet, dans les universités françaises, l'enseignement de l'histoire africaine est quasi inexistant, de même que celui de la littérature africaine d'expression française malgré le rayonnement international de ces écrivains «habitant» la langue de Molière, devenant désormais les ambassadeurs les plus visibles de la culture française à travers le monde. Situation plus que paradoxale quand on sait que la France apparaissait pendant l'après-guerre comme un lieu d'accueil du bouillonnement des cultures du monde noir – l'écrivain afro-américain Richard Wright, surveillé par le FBI qui cherchait à «obtenir les raisons de son voyage en France[2]», se plaisait même à rappeler qu'il

1. Joan Tilouine, «Entretien croisé avec les écrivains Alain Mabanckou et Abdourahman Waberi», *Le Monde*, 23 mai 2016.

2. Dossier # 100-157464 du FBI (Federal Bureau of Investigation) sur Richard Nathaniel Wright, https://vault.fbi.gov/Richard% 20Nathaniel%

y avait une certaine absence de « tension raciale » dans le pays qui l'accueillit[1].

Quelques esprits argueraient que la réticence de la France dans l'enseignement de l'histoire et des lettres africaines est de près ou de loin liée à son histoire politique, à sa conception de la citoyenneté ? La France tient en effet à son principe d'une « république indivisible » née de la première Constitution de 1791. Ce qui sous-entendrait alors que la reconnaissance de l'autonomie des communautés – et donc de l'enseignement de l'histoire de ces groupes – menacerait potentiellement le sacro-saint principe de l'égalité des citoyens ? L'Amérique serait ainsi plus ouverte parce que le président John F. Kennedy aurait introduit l'*Affirmative Action* dès 1961. Et le Royaume-Uni ? On objecterait que celui-ci, dans le sens des États-Unis, avait voté la Race Relations Act en 1976, avec une Commission pour l'égalité raciale et des résolutions visant à punir toutes inégalités fondées sur la race...

Le principe de l'invisibilité prôné par la France a montré ses limites à travers des discours qui relèvent d'une autre époque et prononcés par les politiciens d'aujourd'hui au sujet de la question de « l'identité française » et de la conception que la France a de l'Afrique. Pour Nicolas Sarkozy par exemple, dans un discours tenu à Dakar en 2007, « le drame de l'Afrique, c'est que l'homme africain n'est pas assez entré dans l'Histoire ». L'ancien président français réaffirmera les mêmes propos dans un autre discours tenu à Grenoble en 2010 sur la « sécurité » et « l'immigration », tandis qu'un de ses ministres, Claude Guéant, ajoutera en 2012 que « toutes les civilisations, toutes les pratiques, toutes les cultures, au regard de nos principes républicains, ne se valent pas ».

20Wright/Richard % 20Nathaniel % 20Wright % 20Part % 201 % 20of % 202/view

1. « Richard Wright's Love Letter to Paris », http://www.wnyc.org/story/192767-richard-wright/

En France, on en arrivera jusqu'à comparer l'ancienne ministre de la Justice de François Hollande, Christiane Taubira, à une « guenon »] le tribunal condamnera l'ex-membre du Front national, Anne-Sophie Leclère, auteure de ces insultes, à neuf mois de prison ferme[1]…

Dans les deux espaces – américain et français –, on le voit donc, la question pourrait se poser sans pour autant extrapoler les choses : *Do Black Lives Matter ?* (Les vies des Noirs comptent-elles ?)

Par opposition au contexte français hostile à la question de la « race », une discussion en la matière est envisageable aux États-Unis, et plus généralement dans le monde anglo-saxon. La réalité « ethnique » est reconnue par les institutions et, dans les universités par exemple, depuis les années 1960 la volonté du « réalisme ethnique » est affichée à travers des départements aux intitulés bien nommés : African American Studies, Latino Studies / Hispanic Studies / Chicano Studies, Asian American Studies ou encore Native American Studies. Cette démarche permet de rendre visibles et de valoriser les « minorités » et d'accompagner les efforts qui tendent vers la reconnaissance d'une nation fondée sur les différences et non l'exclusion d'un groupe au profit de l'autre.

Enseigner et promouvoir la culture de « l'altérité » contribue ainsi à l'édification d'une histoire commune en écho aux différentes luttes menées par ces groupes pour leur inclusion dans la nation.

La quasi-absence d'enseignement des lettres et de l'histoire africaines en France entraîne celle des écrivains professeurs alors même que ces créateurs sont les bienvenus outre-Atlantique où ils ont le statut de professeurs au même titre que les universitaires « classiques ». Nous pouvions apprécier la charge d'Alain Mabanckou, écrivain-professeur à l'université de

1. *Le Monde*, 16 juillet 2014.

Californie - Los Angeles (UCLA), qui évoquait sa propre situation au cours de sa leçon inaugurale au Collège de France : « [...] je ne suis pas un professeur devenu un écrivain, mais un écrivain devenu professeur grâce aux États-Unis[1] »...

En un mot, les écrivains africains de langue française et leurs œuvres occupent toujours une place marginale dans les programmes français d'éducation publique, et on assiste par conséquent à une migration de ces « cerveaux » formés en France vers l'Amérique. C'est d'ailleurs le constat que fait le Congolais (RDC) Didier Gondola, professeur à Indiana University-Purdue University Indianapolis : « L'Amérique accueille des dizaines de chercheurs français, brimés dans une France viciée par les lourdeurs de son propre système universitaire[2]. »

Le Sénégalais Mamadou Diouf, professeur à Columbia University, ajoute que « la présence massive d'intellectuels des postcolonies et d'autres régions du monde, la reconnaissance du pluralisme intellectuel et communautaire avec leurs multiples sources et ressources ouvrent des opportunités incroyables de subversion et d'écartement du récit occidental de l'universel et de la modernité. Elles imposent de nouveaux engagements avec des bibliothèques et des pratiques différentes[3] ».

L'écrivain djiboutien Abdourahman Waberi, professeur à George Washington University, préfère prendre les choses avec philosophie quant à cette « migration » vers l'Amérique :

1. Alain Mabanckou, *Lettres noires. Des ténèbres à la lumière*, Paris, Fayard/Collège de France, 2016, p. 23.

2. Ch. Didier Gondola, *Africanisme. La crise d'une illusion*, Paris, Éditions L'Harmattan, 2007, p. 141. Voir aussi son article, « La crise de la formation en histoire africaine en France vue par les étudiants africains », *Politique africaine*, n° 65, 1997, p. 132-139.

3. Mamadou Diouf, « Les postcolonial studies et leur réception dans le champ académique en France », *in* Pascal Blanchard, Nicolas Bancel, Ahmed Boubeker, Florence Bernault, Françoise Vergès et Achille Mbembe (dir.), *Ruptures postcoloniales. Les nouveaux visages de la société française*, Paris, La Découverte, 2010, p. 151.

« Cet “éloignement” permet de prendre de la hauteur. [...] Penser l'Afrique de Washington permet aussi de réfléchir à la France [...][1]. »

L'attitude du système universitaire français est donc directement visée, comme chez Alain Mabanckou : « Le dynamisme de la littérature africaine n'a pas vraiment d'écho en France. Or il y est parfois fait grand procès à l'Occident. Et c'est bien dommage que l'accusé tourne le dos. Car le jour où il sera de face, ce sera trop tard, il sera condamné[2] ! »

Il ne s'agit pourtant pas seulement de créer des postes ou des chaires de littérature africaine francophone en France dans le dessein de vite rattraper le retard, le plus urgent est de commencer déjà par prendre conscience de la place de plus en plus importante de ces littératures qui disent le monde en français, et donc de cesser de les percevoir comme un département exotique de la littérature française. Cela recommande par conséquent de changer certaines « mentalités » observées ces dernières décennies dans l'édition française qui crée des échelles dans la création en langue française. L'exemple le plus visible est sans doute cette « mode » des collections spécialisées sur l'Afrique. Bien qu'elles aient pour objectif avoué et certainement louable de dénicher de nouvelles voix africaines, elles perpétuent hélas des hiérarchies au détriment de ces autres littératures, comme c'est le cas pour les éditions Gallimard qui publient désormais les Africains dans une collection spécifique, « Continents Noirs » pendant que les écrivains déjà connus, eux, sont accueillis à bras ouverts dans la traditionnelle et prestigieuse collection la « Blanche ». Une telle stratégie éditoriale installe une ghettoïsation littéraire qu'on ne retrouve pas par exemple aux éditions du Seuil où de grands écrivains africains comme Yambo Ouologuem, Ahmadou

1. Joan Tilouine, « Entretien croisé avec les écrivains Alain Mabanckou et Abdourahman Waberi », article cité.

2. *Ibid.*

Kourouma, Sony Labou Tansi, Henri Lopes, Tierno Monénembo et Alain Mabanckou ont été ou sont publiés sans être « classifiés » selon leurs origines. D'ailleurs, parmi ces auteurs de premier plan, quatre ont reçu le prix Renaudot (Ouologuem, Kourouma, Mabanckou et Monénembo). Il est à parier que, s'ils avaient étés publiés chez Gallimard – Mabanckou l'a été avec *Demain j'aurai vingt ans*, mais publié dans la « Blanche »[1] –, ils ne figureraient pas dans la collection « Continents Noirs » au regard de leur notoriété et de la place qu'ils occupent sur le plan international.

L'autre exemple vient de « l'affaire Marie NDiaye » qui, en 2009, reçut le prix Goncourt pour son roman *Trois Femmes puissantes*[2]. Métisse née en France d'un père sénégalais noir et d'une mère française blanche, dans l'esprit de beaucoup elle demeure une écrivaine noire, donc « venue d'ailleurs ». Cette idée a été confortée par le député de droite Éric Raoult qui, horripilé par les commentaires de l'auteure de *Trois Femmes puissantes*, qui avait décidé d'aller vivre en Allemagne afin de s'éloigner du pays qu'elle qualifiait de « France monstrueuse de Nicolas Sarkozy[3] », s'en prit ouvertement à la lauréate en déclarant : « Nous lui avons donné le prix Goncourt [...] C'est la France qui lui a donné ce prix », estimant que Marie NDiaye avait « un devoir de réserve », une responsabilité de « respecter la cohésion nationale » et de « [défendre] les couleurs littéraires de la France[4] ». Nous ne sommes pas loin de l'esprit paternaliste, colonial puisque la récompense d'un écrivain pour son travail personnel est perçue comme un cadeau de la République, voire une médaille pour ses bons et loyaux services...

1. Alain Mabanckou, *Demain j'aurai vingt ans*, Paris, Gallimard, 2010.

2. Marie NDiaye, *Trois Femmes puissantes*, Paris, Gallimard, 2009.

3. Nelly Kaprièlian, « L'écrivain Marie NDiaye aux prises avec le monde », *Les Inrockuptibles*, n° 716, 18-24 août 2009, p. 32.

4. Camille Polloni et Pierre Siankowski, « Éric Raoult s'attaque à Marie NDiaye et invente un "devoir de réserve" pour les prix Goncourt », *Les Inrockuptibles*, 10 novembre 2009.

Les États-Unis considèrent ces littératures africaines comme une bouffée d'air, une nouvelle émergence, le signe manifeste que les « marges » n'ont pas à être intégrées dans l'espace dominant et que le changement ne pourra provenir qu'avec une véritable décentralisation liée à la mondialisation. Et c'est cette mondialisation qui conduit les Américains à ne pas sous-estimer ces pensées perçues comme « minoritaires ».

Dans les universités américaines donc, la question n'est pas celle de « l'incorporation » de ces littératures dans les programmes scolaires ou universitaires mais plutôt celle de « repenser » la recherche scientifique, de prendre en compte l'expérience de la langue française dans le monde[1]. Une démarche qui souffre de la résistance ou du désintérêt des institutions françaises alors que le paysage culturel offre désormais une production mondiale riche, variée, vivante et qui excède les paramètres étroits d'une interprétation historique monolithique des relations humaines[2].

Catherine Coquery-Vidrovitch ne mâche pas ses mots dans ce qui ressemble à un acte d'accusation contre le système universitaire français : « Pour beaucoup d'universitaires français, convaincus de leur supériorité implicite, les idées venues d'ailleurs – et surtout du monde anglophone, dont, jusqu'à il n'y a pas si longtemps, les travaux, peu lus, étaient considérés avec une condescendance certaine – étaient estimées de moindre valeur[3]. »

1. Voir par exemple Alain Mabanckou, *Le monde est mon langage*, Paris, Grasset, 2016.

2. Voir aussi « Intersections et trajectoires. Les études francophones et la théorie postcoloniale », *Cahiers d'études africaines*, L (2-3-4), 198-199-200, 2010, p. 823-841, où nous avions tenté de souligner la pertinence de ces arguments au développement des études postcoloniales francophones et à une plus grande interdisciplinarité aux États-Unis.

3. Catherine Coquery-Vidrovitch, « Le tropisme de l'université française face aux postcolonial studies », *in* Pascal Blanchard, Nicolas Bancel, Ahmed Boubeker, Florence Bernault, Françoise Vergès, et Achille Mbembe (dir.), *Ruptures postcoloniales. Les nouveaux visages de la société française*, *op. cit.*, p. 321.

Même son de cloche chez Didier Gondola cité plus haut : « Le constat initial qu'effectue tout bon observateur de la composition démographique de la communauté africaniste en France concerne d'abord la position minoritaire et, de ce fait, subalterne accordée aux chercheurs africains issus des programmes d'études africaines des universités et des centres d'études et de recherches français. [...] Pour l'africaniste français, faire l'histoire de l'Afrique noire n'est pas un acte innocent. C'est une façon de participer à cette tradition hégémonique en élaborant un projet [...] suivant lequel l'histoire africaine en France constitue une propédeutique qui rend possible l'élaboration d'une politique africaine désastreuse dans les officines du pouvoir en France [1]. »

Dans les universités américaines, « l'émergence des *postcolonial studies* et des *subaltern studies* », comme l'affirme Mamadou Diouf, « est le reflet du nouveau visage des institutions universitaires qui sont devenues un lieu de rencontre de différentes traditions de recherches, d'expérimentations et d'appropriations épistémologiques et méthodologiques [2] ».

Ces universités ont depuis longtemps ouvert leurs portes aux penseurs français comme Jacques Derrida, Jean Baudrillard, Michel Foucault, Félix Guattari, Roland Barthes, Gilles Deleuze, Emmanuel Levinas, tandis que les études postcoloniales anglo-saxonnes – en général suspectes en France – ont connu une ascension grâce à l'influence des théoriciens francophones, et non des moindres comme Frantz Fanon, Édouard Glissant, Aimé Césaire, V. Y. Mudimbe ou encore Léopold Sédar Senghor, entre autres.

Voir aussi son article, « Réflexions comparées sur l'historiographie africaniste de langue française et anglaise », *Politique africaine*, n° 66, juin 1997, p. 91-100.

1. Ch. Didier Gondola, *Africanisme*, *op. cit.*, p. 86.

2. Mamadou Diouf, « Les postcolonial studies et leur réception dans le champ académique en France », article cité, p. 149 et p. 151.

À New York, en Louisiane, à Los Angeles, Édouard Glissant, Maryse Condé ou encore Assia Djebar ont laissé une empreinte comme écrivains professeurs, et aujourd'hui leurs successeurs, les écrivains Abdourahman Waberi (Djibouti), Emmanuel Dongala (Congo) ou encore Alain Mabanckou (Congo) enseignent aux côtés de leurs homologues africains anglophones, tels que Zakes Mda (Afrique du Sud), Chris Abani (Nigeria), Helon Habila (Nigeria), Wole Soyinka (Nigeria, prix Nobel), Teju Cole (Nigeria), et Ngùgì wa Thiong'o (Kenya).

L'université française passe ainsi à côté de ce mouvement de progrès : « [...] à cause de son insularité culturelle et du narcissisme de ses élites, la France s'est coupée de ces nouveaux voyages de la pensée mondiale », comme le rappelle le philosophe et théoricien du postcolonialisme Achille Mbembe [1].

La nomination de l'écrivain « franco-congolais » Alain Mabanckou à la chaire de création artistique au Collège de France pour l'année 2015-2016 représente désormais une ouverture symbolique, tout comme le grand colloque qu'il a organisé le 2 mai 2016 « Penser et écrire l'Afrique aujourd'hui », réunissant les plus grandes voix actuelles des études postcoloniales en France, aux États-Unis et en Afrique. Une initiative qui, comme il le rappela le 17 mars 2016 dans sa leçon inaugurale, « résonnera comme un appel à l'avènement des études africaines en France, non pas dans une ou deux universités marginalisées, non pas dans un ou deux départements dénués de moyens, mais dans un tout qui fait désormais sens pour comprendre la France d'hier mais surtout la France contemporaine [2] ».

Nous ne pouvons plus fermer les yeux devant ce que Mbembe qualifie de « nouvel âge de dispersion et de circulation ». Ce

1. Achille Mbembe, « Qu'est-ce que la pensée postcoloniale ? », entretien avec Olivier Mongin, Nathalie Lempereur et Jean-Louis Schlegel, www.eurozinc.com/articles/2008-01-09-mbembe-fr.html

2. Alain Mabanckou, *Lettres noires*, *op. cit.*, p. 75.

nouvel âge, insiste-t-il, « se caractérise par l'intensification des migrations et l'implantation de nouvelles diasporas africaines dans le monde. Avec l'émergence de ces nouvelles diasporas, l'Afrique ne constitue plus un centre en soi [1] ». Dans ce sens, les écrivains africains de la nouvelle génération, portés par Alain Mabanckou et Abdourahman Waberi, se revendiquent comme ceux « qui ont osé intervenir et peser sur les débats de société [2] » en Afrique, en Europe et aux États-Unis.

En France, on l'a dit, il y a comme un tabou qui retient de poser sur la table la discussion sur les discriminations sociales, et surtout « raciales » en général, et la société elle-même affiche un décalage entre son quotidien de métissage et ses idéaux d'une nation « judéo-chrétienne ». La classe politique est extrêmement peu métissée, renfermée sur elle-même et se préoccupant comme d'une guigne de la question « raciale ».

Est-ce cette attitude qui touche jusqu'aux universités françaises, même si quelques-unes d'entre elles essayent de façon marginale d'aborder le sujet ? Il est plus que jamais temps de bousculer la vision des universités françaises. Celles-ci devraient prendre en compte la nécessité d'inclure l'imaginaire de « dispersion » et de « circulation », un imaginaire qui porte en lui les fondements des cultures africaines et les ingrédients de la civilisation française. Le Sénégalais Felwine Sarr devient presque un visionnaire lorsqu'il dit : « L'avenir est ce lieu qui n'existe pas encore, mais que l'on configure dans un espace mental [3]. »

Enfin – et pour paraphraser l'illustre poète Aimé Césaire –, nous attendons avec impatience de voir si les portes des institutions

1. Achille Mbembe, *Politiques de l'inimitié*, Paris, La Découverte, 2016, p. 226.

2. Joan Tilouine, « Entretien croisé avec les écrivains Alain Mabanckou et Abdourahman Waberi », article cité.

3. Felwine Sarr, *Afrotopia*, Paris, Éditions Philippe Rey, 2016, p. 133.

françaises demeureront ouvertes uniquement aux « Français à part entière » ou si elles accueilleront également ceux qui sont perçus de nos jours comme des citoyens « entièrement à part ».

La France noire au regard de l'histoire de France

par Pascal Blanchard

La place des diasporas noires dans l'histoire de France, c'est une vaste question qui peut se résumer à un constat simple jusqu'au milieu des années 1990 en France : l'Afrique n'existait qu'au regard de l'histoire coloniale ou plus spécifiquement au regard des conflits et des misères qui traversaient le continent à l'abandon depuis le départ des « Blancs ». Et encore cette place était faible, pauvre et quasi invisible. L'Afrique n'existait pas et tout le monde n'en avait que faire[1].

Quant à la place des migrations africaines et, en périphérie, celles venant des Caraïbes ou de l'océan Indien dans l'espace historique français, elle se réduisait à presque rien, dans la pensée politique commune, dans le monde de la recherche ou dans le grand récit national. De fait, ces immigrations étaient le parent pauvre d'une recherche qui était, elle-même, le parent pauvre de la science historique. Tout cela était le fruit d'un impensé colonial, ou plus précisément d'un impensé colonial doublé d'un mépris pour un continent « sans histoire » qui ne pouvait trouver, par définition, une place dans la grande histoire de France. Mais tout cela est aussi le fruit d'une histoire qui n'était pas racontée.

1. Ce texte est un métissage de plusieurs inspirations, entre le texte de notre communication au Collège de France, des passages de l'ouvrage *La France noire* et des réflexions issues d'un ouvrage que nous avons codirigé avec Dominic Thomas et Nicolas Bancel, *Vers la guerre des identités ?*, Paris, La Découverte, 2016.

Devant ce constat, en tant qu'historien, j'avais choisi au cours des années 1990 d'investir le champ de l'histoire de l'Afrique (en tant qu'africaniste) et donc de rejoindre au sein de la Sorbonne le Centre de recherches africaines. C'est alors que je découvris un monde qui me sidérait : cette situation de marginalisation de l'Afrique et des immigrations africaines en France était devenue un état de fait, quasi une situation normalisée au sein de l'université, un territoire à la marge, y compris à l'intérieur même du cénacle qui était censé désenclaver ce récit et ce savoir. Le travail était donc magistral.

Dans un premier temps, il fallait faire cette histoire, ce qui est le rôle de l'historien, et, en parallèle, il fallait aussi faire l'histoire de cette histoire pour qu'elle pénètre enfin le champ historique français, et donc promouvoir ce savoir en brisant les filtres inconscients issus du passé colonial. Cette situation était encore plus complexe dès que nous voulions travailler sur la relation France-Afrique et sur le passé colonial. Le travail était titanesque et cela n'intéressait personne au début des années 1990. Il faut avoir tout cela à l'esprit pour prendre la mesure du quart de siècle qui nous sépare de ce champ de mines du savoir.

L'histoire des relations entre l'Europe et les mondes noirs est ancienne. Les premiers « Noirs » – ou personnes perçues comme telles – foulent le sol de l'Europe au tournant des XVe et XVIe siècles, en s'installant au Portugal. Le « Noir imaginaire » émerge dans le même temps dans l'art religieux, la peinture, la statuaire et l'architecture, alors que les lettres « jouent au Noir » et vont le mettre en scène. Ensuite, la présence d'Africains noirs est attestée en Angleterre et en France à la fin du XVIe siècle. Si Élisabeth Ire ordonne, en 1596 puis en 1601, l'expulsion de tous les Africains noirs d'Angleterre, la tolérance en France s'installe au XVIIe siècle. Néanmoins, dans le royaume de France, au-delà de sa couleur, l'homme noir évoque, alors, l'horreur de l'esclavage et le monde des ténèbres, voire le diable ou le mal dans la vulgate religieuse. À travers ces premières traces éparses, une histoire commence à s'écrire. C'est sur ces fondations qu'un récit diasporique se structure.

Un long cheminement

En plongeant dans les siècles suivants, on découvre que la France est un pays unique au monde pour le destin, l'histoire, l'identité ou le combat des Noirs, qu'ils viennent d'Afrique, de l'océan Indien, de la Caraïbe ou d'Amérique du Nord. Pourtant, c'est aussi un pays qui a pratiqué l'esclavage et la colonisation et la citoyenneté n'a connu l'égalité réelle que tardivement, pour les femmes comme pour ceux que l'on désigne sous le vocable d'« indigènes ». C'est dans ce récit historique qu'il était nécessaire de plonger, de s'engager.

Entre nos premiers travaux sur l'imaginaire colonial (notamment à la Bibliothèque nationale où, déjà, Achille Mbembe était à nos côtés pour décrypter les pièges de l'imaginaire colonial) et la sortie de l'ouvrage *La France noire* en 2011, qui allait mettre à jour la mémoire des migrations afro-antillaises en France, le cheminement allait être long, entre 1991 et 2011. Entre ces deux dates, une étape essentielle fut celle de la publication d'un beau livre : *Le Paris noir* en 2001. Un livre à succès montrant à beaucoup qu'il y avait une attente de cette histoire riche. Mais surtout, plus ironiquement, que cette histoire intéressait.

Fort de ce succès, un nouveau livre voit le jour dix ans plus tard, *La France noire*... Titre banal, mais qui faisait ironiquement référence à un livre de l'époque coloniale, *France noire* de Marcel Monnier, publié en 1894 sur ce « Monsieur génial » qu'avait été, au temps des colonies, Louis-Gustave Binger. Il avait « donné » la Côte d'Ivoire à la France, dont, au cours de cette rencontre au Collège de France, Gauz a parlé avec tant d'humour et de précisions. Un livre sur la conquête du continent. Un livre à la gloire impériale. Un livre qui écrasait justement cette idée de France noire et qui en prenait pourtant le nom... Parallèle ironique, donc, le lecteur l'aura compris ! Eh bien, notre France noire était aussi une conquête pour accrocher les présences noires à l'histoire de France et raconter une autre histoire, celle des Noirs (un terme qui fait encore débat pour certains dans ce pays !). Eh oui, depuis quatre siècles, des Noirs avaient fait, avaient participé, étaient partie prenante du récit national.

Le chantier fut titanesque. Il fallut convaincre les éditeurs qu'un beau livre était possible. C'est amusant de constater que lorsque l'on parle de l'Afrique, beaucoup doutent qu'un beau livre soit possible. Comme si l'immigration ne pouvait faire partie de la grande histoire. Il fallait aussi parler de ceux qui étaient désormais d'ici et avaient une histoire écrite ailleurs. C'est à ce moment-là que la préface de ce livre fut tout naturellement portée par celui qui nous a tous rassemblés au Collège de France en ce mois de mai 2016, Alain Mabanckou. Un texte provocateur puisqu'il demandait aux lecteurs de connaître l'histoire, ici, avant de réclamer à haut cri que « l'Autre », le Français, connaisse l'histoire de là-bas.

Il fallait aussi un récit fort et partagé. Dans cette perspective, il fallait en donner plusieurs facettes. C'est ainsi qu'est née la série de films *Noirs de France* en trois parties que France 5 a diffusée la même année, donnant la parole à plus de quarante intervenants pour dire ce que signifie être Noir de France et en France. Au-delà, il fallait aussi aller au-devant du jeune public, toucher le grand public, à travers une exposition itinérante, un support pédagogique pour accompagner le processus de découverte et d'appropriation de cette histoire.

Ce travail va permettre de mettre en exergue la diversité de ce récit. Malgré l'histoire coloniale, il y a eu de tout temps cette croyance que la France était un pays de liberté pour les Noirs, un pays d'exception, un pays hors norme. Cette croyance repose sur une réalité. De fait, la France est un paradoxe, sur ce sujet comme sur beaucoup d'autres. Bien avant la Révolution française, même pendant la période coloniale contemporaine (1848-1960), on était de toute évidence plus libre lorsqu'on était « Noir » à Paris qu'à Londres, New York, Berlin, Pointe-à-Pitre ou Dakar[1].

Paradoxe encore, ce n'est que depuis les années 1980 que ce sentiment, cet attrait pour la France, est en reflux et qu'un Noir se dit plus libre, plus « accepté », plus « invisible » en Grande-Bretagne, aux États-Unis ou à Johannesburg, alors que la citoyenneté est désormais un droit pleinement acquis. Jusqu'alors le « mélange apparent » avec lequel Noirs et Blancs se mêlaient socialement en France donnait l'impression que la société française était égalitaire et libre de tout racisme.

Ce sentiment a dominé dès le XVIIIe siècle jusqu'aux premiers temps postcoloniaux. Cependant, nous savons que la réalité est plus complexe, plus violente. De fait, les Français proclamaient depuis la Révolution française des théories égalitaires dont ils croyaient sincèrement avoir respecté l'esprit dans leur propre comportement, y compris aux colonies. Là aussi nous savons que la réalité est à nuancer et que seule une élite a pu bénéficier de cet espace de liberté qu'était la France des droits de l'homme.

C'est entre ces différents ressentis, ces différentes postures, que va s'écrire le récit des Noirs de/en France. Les Noirs de France, les Noirs en France avaient une histoire. Et ce titre un peu provocateur – *La France noire* – était destiné à faire réfléchir les plus incrédules et les plus aveugles. Il fallait faire savoir, il fallait aussi faire choc, il fallait enfin faire sens et cohérence sur le temps long. Il fallait faire récit… et le rendre visible. Pour cela, il fallait en rappeler les moments clés, en convoquant le temps long qui, seul, explique les situations dans le présent. En 1738, on dénombrait déjà quatre mille « Noirs » et « Métis » en France, la plupart étaient esclaves malgré le droit français qui en interdit la pratique dans l'Hexagone et l'accepte dans les « vieilles colonies ». En effet, depuis Louis X

1. Stovall Tyler, *Paris Noir. African Americans in the City of Light*, Boston-New York, Mariner Books, 1996 ; Michel Fabre, *La Rive noire. Les écrivains noirs américains à Paris (1830-1995)*, Marseille, André Dimanche, 1999.

et l'Édit de 1315 (même si des lectures nuancées existent de celui-ci), le royaume de France n'acceptait pas l'esclavage sur son sol. Par extension dès qu'un esclave accostait dans les ports de France, il devenait « libre » (principe quasi identique à celui existant en Angleterre). Le premier cas « juridique » connu remonte à 1571, à Bordeaux, où des esclaves sont affranchis par un tribunal, puisque la France « mère des libertés » ne tolère pas cette pratique sur son sol. Une poignée de ceux-ci est composée d'hommes libres vivant entre Paris, Bordeaux, Nantes ou Saint-Malo. Une histoire commençait à s'écrire dans ces fissures du droit…

Dans cette perspective, il est essentiel aussi de reconsidérer la « longue histoire » des relations franco-africaines, franco-océan-indiennes et franco-caribéennes ainsi que, bien sûr, la dimension constitutive de ces relations qui se fixe dans le récit colonial. En soulignant et en insistant sur cette structure symbiotique, les débats sur l'identité française et européenne se compliquent. On entre alors dans le temps diasporique et la question de la singularité démographique de ces espaces se retrouve placée sous tension, de même que les qualités bilatérale et transversale de l'histoire africaine, antillaise et de l'histoire française. La France noire nous rappelle aussi que le mythe de l'universalisme et de la supériorité occidentale fonctionnait comme partie intégrante d'un projet impérial et de ses héritages, disséminé grâce à la culture coloniale – dont les traces sont manifestes aujourd'hui en France dans les débats « culturalistes » au service d'une interprétation dépassée et mythique de « l'identité nationale ».

Les travaux et débats de ces dernières années, en Europe, en Afrique et en Amérique, nous montrent que la période coloniale fonctionne comme précurseur aux débats intellectuels et politiques contemporains, en France et en Europe, sur la mondialisation et l'immigration. Pour ces raisons, *La France noire* insiste sur le signifiant identitaire afin de déstabiliser le paradigme officiel qui refuse toute considération minoritaire ou ethnique lorsqu'il s'agit de tracer des lignes de continuités historiques au cœur de la nation.

La France noire se devait d'être le récit, sur plusieurs siècles, d'une présence diasporique en « métropole », venant des quatre coins du monde (Antilles, Guyane, La Réunion, Mayotte-Comores, Nouvelle-Calédonie, Madagascar, Louisiane, Cameroun, Maurice, Mali, Sénégal, Congo, Côte d'Ivoire, ex-Zaïre, Haïti…). Ce récit, mis en images à travers les traces (images) éparses du regard que chaque génération a porté sur ces présences, tente aussi d'explorer la pluridimensionnalité de la migration (volontaire ou non, civile ou militaire, culturelle ou politique) afin d'arriver à mettre en perspective le long cheminement et ses étapes majeures, entre ce temps du sauvage-esclave à l'heure du Code noir (1685) et celui du citoyen-noir à l'heure de la mondialisation et des débats sur l'identité nationale. Au final, ce récit traçait les perspectives aussi diverses que riches, et donnait des clés d'explication majeures sur le présent.

Quelles perspectives ?

La première de ces perspectives est d'ordre structurelle. Dès le XVe siècle, des textes et autres mesures coercitives régentent la vie des Noirs en France, comme si cette présence ne pouvait que s'inscrire dans un cadre spécifique. Pourquoi ce particularisme : tout simplement parce qu'ils étaient noirs et que cela se voyait et que cela faisait peur. Napoléon Bonaparte va même rêver d'une France sans « Noirs » au début du XVIIe siècle. La mise à l'écart des Noirs va connaître une période de stabilisation avec la Révolution française et reprendra graduellement sous Napoléon Bonaparte avec l'interdiction faite aux Noirs et aux Métis des Antilles ainsi qu'à ceux du Sénégal de venir en métropole. Il donne également l'ordre (symbolique) à l'École polytechnique de renvoyer tous ceux qui s'y trouvent, afin de limiter le risque de voir émerger des élites capables de se transformer en « meneurs ».

Le tournant est majeur et fixe clairement un nouveau cap en France au XIXe siècle en affirmant une politique de séparation explicite des «races», visant à supprimer ou, tout du moins, à contrôler la présence noire en France. Beaucoup ont tout fait, y compris et surtout par le droit, pour que les Afro-Antillais ne soient jamais partie prenante de la nation, de la France.

Pourtant, dans le même temps, cette présence va trouver des espaces de contournement pour s'affirmer malgré la pression esclavagiste puis coloniale. Mais le principal piège fut un piège d'image dont les exhibitions et expositions coloniales furent l'un des relais majeurs conduisant à inventer les stigmates d'un sauvage dont les Noirs africains furent le modèle le plus évident. Aussi surprenant que cela puisse paraître, et après un long siècle d'images négatives, c'est la Grande Guerre qui va provoquer un basculement en France et briser cette image du «sauvage» issu des zoos humains. Le choc des présences (plusieurs centaines de milliers d'hommes) se double d'un choc des images. De la boue des tranchées va naître l'icône bien française du tirailleur Banania. Ce tournant annonce une nouvelle histoire de cette présence dans l'Hexagone.

La seconde chose que nous apprend *La France noire*, c'est l'incroyable carrefour des syncrétismes afro-antillais et afro-américain que fut la France du XXe siècle. Ici, s'écrit une histoire qui n'est pas celle de là-bas. Un récit qui irrigue l'histoire de France mais aussi l'histoire des États-Unis, l'histoire de l'Afrique, l'histoire de l'océan Indien ou l'histoire des Caraïbes. Une histoire qui va produire de la revendication, notamment avec le second congrès panafricain de 1919 à Paris, de la pensée avec la négritude qui, sans Paris, n'aurait pas été la négritude. Une histoire qui va bouleverser les arts et la musique, une histoire qui consacre Josephine Baker et bouleverse le regard sur les corps. Une histoire qui voit s'épanouir le jazz, donne vie aux premiers acteurs noirs, comme Habib Benglia, ou voit s'imposer une pensée trouvant, aussi, ses racines dans l'Hexagone.

Avec *La France noire*, on découvre que ce pays fut aux yeux du monde un pays métis, alors que l'image du Noir en France n'a cessé dans le même temps de se dégrader depuis le

XVIIIe siècle et que les régimes successifs ont toujours cherché les législations les plus spécifiques et les plus efficaces pour éviter (ou du moins limiter ou contrôler) toute présence noire sur le territoire national. Ces deux focales ont fonctionné ensemble et en parallèle. Malgré ce constat et une pression juridique répétitive, la France est alors perçue et reconnue comme la « seconde nation des nègres », le seul pays au monde qui permet à des artistes noirs, à des hommes politiques noirs qui seront députés puis membres de plusieurs gouvernements (comme Henry Lémery, Gratien Candace, Gaston Gerville-Réache, Achille René-Boisneuf, Alcide Delmont, Joseph Lagrosillière, Gaston Monnerville, Auguste Brunet ou Blaise Diagne), à des intellectuels ou écrivains noirs (comme René Maran, Aimé Césaire ou Claude McKay) de s'exprimer, d'être élus ou d'être reconnus.

Les années 1920 connaissent de fortes restrictions en matière d'immigration coloniale, comme le montrent les débats parlementaires, dès l'immédiat après-guerre, qui récusent toute présence « sur le sol français d'éléments ethnographiquement trop nettement distincts du reste de la population ». Cependant, le contexte économique et la pression du patronat vont conduire à une pratique politique contraire. On tolère ces présences, mais la loi devient de plus en plus restrictive. En août 1924 notamment, on impose aux « indigènes » une carte d'identité, un certificat d'engagement d'un patron et un certificat médical. Malgré les contraintes, une première génération migrante s'installe dans le pays et se fixe dans les imaginaires du temps.

La troisième dimension, qui est sans doute la plus féconde dans le présent en termes de perspective, c'est le lien entre passé et présent. N'en déplaise à ceux qui pensent que la France est « uniquement » un pays de « race blanche », la France est plus complexe, plus diverse, elle est le fruit d'une histoire plurielle. C'est pourquoi cette histoire légitime une présence, donne des racines à ceux qui les cherchent et propose des clés d'explication aux enjeux identitaires du présent. Elle permet aussi de comprendre la France d'aujourd'hui alors que justement, comprendre n'est pas à la mode. Ce processus est pourtant essentiel pour savoir qui l'on est et où l'on va. La France d'aujourd'hui est donc très banalement le fruit de son histoire et cette histoire est bien entendu coloniale. Mais elle est aussi celle des immigrations, celle de la mondialisation. Eh oui, c'est une histoire métissée et c'est enfin une histoire (le mot fait peur à certains) postcoloniale.

Tout cela est banal. Et pourtant c'est cela qui ne veut (qui ne peut) être vu par les élites en France. Cette histoire est en fait révolutionnaires, car elle vient briser le discours de peur des néoréactionnaires qui n'ont de cesse de nous dire que la France est en déclin face à ces populations dans nos rues et nos quartiers, ces populations qui auraient fait perdre son identité à la France. Cette histoire est bien une histoire de France. C'est celle d'Alain Mabanckou, c'est la mienne, c'est celle d'Achille Mbembe et celle de Dominic Thomas, c'est celle de Françoise Vergès, c'est celle de Pap Ndiaye et c'est de Rokhaya Diallo de tous ceux qui étaient présents lors de ces journées au Collège de France. C'est celle de tous ceux qui connaissent l'histoire. C'est le paradoxe de l'histoire coloniale. Elle n'avait à aucun moment pensé la France du XXIe siècle.

De fait, cette histoire n'est pas encore pour nos élites un lieu de mémoire de nos récits communs. N'en déplaise pourtant à Pierre Nora, cette histoire de France fera mémoire (lieu de mémoire même), n'en déplaise à Éric Zemmour, cette histoire est aussi la sienne, n'en déplaise à ceux qui veulent des histoires parallèles qui ne se croiseraient jamais, cette histoire est commune. Et ce n'est pas une chimère, un désir de bien-pensance, un bla-bla du vivre-ensemble, c'est tout simplement prendre conscience que cette France noire est partie prenante de nous-mêmes et du grand récit national. Cette dynamique s'impose comme une évidence à la lecture de l'histoire et des faits sur plusieurs siècles. Une évidence pour ceux qui sont les héritiers directs de cette histoire, mais aussi pour ceux qui pensent que cette histoire constitue une part de nous-mêmes.

Y a-t-il des « Noirs » en France ?

Genèse d'une identité-relation

par François Durpaire

« Nous n'avons pas d'élèves musulmans » : c'est la réponse d'un inspecteur d'académie à une chercheuse qui lui demandait un entretien pour évoquer la situation des élèves musulmans au regard de l'école dans son secteur. Cette anecdote racontée par Françoise Lorcerie[1] témoigne de la difficulté qu'il y a en France à aborder de front la question de l'identité. Comme si « ne pas penser », « ne pas écrire », « ne pas dire » était la garantie de l'égalité de tous au sein de la République. Comme si l'indivisibilité de cette République devait passer par l'invisibilité des groupes et des individus[2].

La reconnaissance de la diversité des origines se heurte en France à trois obstacles majeurs. Le premier tient à l'idéologie jacobine, anxieuse à tout ce qui pourrait remettre en cause une nation centralisatrice. Cela explique la confusion fréquemment entretenue entre culture unique et culture commune. Le deuxième obstacle tient aux intéressés eux-mêmes, qu'ils soient originaires de l'outre-mer français ou des anciennes colonies d'Afrique subsaharienne. Être « noir » en France plutôt que « guadeloupéen », « réunionnais » ou « sénégalais », c'est à la fois s'arracher un

1. Françoise Lorcerie, « Y a-t-il des élèves musulmans ? », *Diversité : Ville École Intégration*, CNDP, 2012, p. 64-73.

2. Jean-Christophe Moreau, http://mouvements.info/lindivisibilite-de-la-republique-linvisibilite-de-lhomme/consulté le 1er juillet 2016.

peu plus au territoire d'origine et s'inscrire dans le dictionnaire du « Blanc ». Être vu comme « noir », voire discriminé comme « noir », est une prédétermination de l'extérieur à laquelle il faudrait échapper. Enfin, il y a l'organisation des sciences sociales, qui fait que toute tentative pour penser des facteurs ethnoculturels est considérée comme une racialisation illégitime.

Ces trois obstacles expliquent les difficultés à penser et à écrire la condition noire en France. Nous faisons le choix de tenter de les dépasser.

Ce qui passe et ce qui ne passe pas

L'historien, contrairement à l'opinion courante, n'a pas pour objet l'étude du passé mais bien plutôt l'étude de ce qui se passe. Il tente de dégager les évolutions et les permanences. Il s'agirait alors de tenter de déterminer en quoi « être noir » en France en 2016 diffère de ce que cela signifiait en 1980 ou en 1950.

Du côté de ce qui ne passe pas, il y a l'existence de discriminations fondées sur les différences physiques. L'Antillais arrivant à Paris fait en 2016 la même expérience que son grand-père des années auparavant, selon l'expression d'Aimé Césaire, d'être ce « citoyen entièrement à part ». Du côté de ce qui ne passe pas, la prégnance d'un vocabulaire témoignant d'un racisme latent, jusqu'aux plus hautes sphères de l'État. Qu'un ministre de la République se permette de prononcer le mot « nègre » sans entraîner de réprobation unanime en témoigne[1]. Du côté de ce qui ne passe pas enfin, le fait que tout cela ne puisse être dit, écrit, pensé au sein de l'université française. L'un des aspects les moins connus du mouvement des Civil Rights était l'ouverture de l'enseignement supérieur et de la recherche aux Black Studies,

1. Le 30 mars 2016, la ministre des Familles, de l'Enfance et des Droits des femmes, évoque le fait que des « nègres américains étaient favorables à l'esclavage », sur la radio RMC.

le droit de se connaître – par et pour soi-même – faisant partie des droits à conquérir. Citons en 1972 la création de la National Association for Ethnic Studies.

Du côté de ce qui a changé, une donnée massive, de nature démographique et culturelle : un nombre croissant d'enfants dont les parents sont nés en Afrique ou dans l'outre-mer français mais qui eux sont nés en France hexagonale. Y ont fait leur scolarité. En détiennent la nationalité. Ont un rapport étroit avec les images et messages partagés par l'ensemble des jeunes Français.

Être ou ne pas être… « noir » : cinq modèles de racialisation

L'identité de couleur – de la conscience de « race » à son invisibilité (Race Consciousness vs Colorblindness) – se construit dans un rapport majorité-minorités qui diffère selon les territoires considérés. Nous en distinguons cinq principaux.

Modèle de la majorité invisible (Afrique subsaharienne)

Si écrire la « France noire[1] » ou l'« Amérique noire » a un sens dans un contexte de minorité arithmétique et de minoration sociale, il n'en est pas de même du « Congo noir » ou du « Sénégal noir ». La négritude est bien née à Paris, de la rencontre de Césaire et de Senghor. Césaire le précisait au crépuscule de sa vie : « Quand je parlais de négritude, c'était pour répondre au raciste qui nous considérait comme des "nègres", c'est-à-dire comme des "riens". Eh bien "non", "nègre" vous m'appelez, eh bien "oui", nègre je suis ! N'allez pas le répéter mais le nègre vous emmerde[2] ! »

1. C'est le titre d'un ouvrage dirigé par Pascal Blanchard, et préfacé par Alain Mabanckou, aux éditions La Découverte, en 2011.

2. Propos de Césaire dans le documentaire de François Fèvre, *Aimé Césaire. Un nègre fondamental*, réalisation Laurent Chevallier et Laurent Hasse, 55 minutes, 2007.

Comme l'écrivait le prix Nobel nigérian Wole Soyinka, il n'y a pas plus de Noirs en Afrique que « le tigre ne revendique sa tigritude »...

Définitivement, l'Afrique n'est le « continent noir » que dans le regard du « Blanc ».

Modèle de la minorité visible (Amérique du Nord)

Le rapport entre les communautés s'effectue ici selon un mode binaire, dans un rapport de domination historique qui a longtemps interdit l'interstice, le métissage, l'hybridation. Lorsque les Américains récupèrent la Louisiane aux Français, l'une des premières lois d'américanisation fut de criminaliser les relations interraciales (1806). L'interdiction de ces relations intimes perdure dans les États du Sud jusqu'en 1967 avec l'arrêt de la Cour suprême Loving vs Virginia. Dans ce contexte, les communautés issues de la déportation esclavagiste se sont structurées à partir de leurs propres associations. La National Association for the Advancement of Colored People est créée dès 1909. Sur le plan identitaire, deux propositions cohabitent : la continuité avec l'Afrique – présente autour du garveyisme notamment – et le rattachement à une culture proprement américaine structurée par l'esclavage. Ces deux voies expliquent les deux termes proposés lors du recensement décennal et dans lesquels les individus sont invités à se reconnaître : Black ou African American. En 2011, à l'occasion des élections primaires républicaines, le candidat conservateur Herman Cain reprend un journaliste : « *Call me "Black", not "African American" !* » Estimant que son rapport à l'Afrique ne justifiait pas la référence à ce continent : « Je suis un homme noir en Amérique »...

Modèle de la minorité invisible (France hexagonale)

À la différence des États-Unis, la population « noire » en France est majoritairement issue des vagues d'immigration africaine postcoloniale et de l'immigration originaire des outre-mers français. Les premières générations s'auto-identifient selon les territoires d'origine, que ces derniers soient ou non des États indépendants (« sénégalais », « camerounais », « guadeloupéens », « réunionnais », etc.). Les nouvelles générations peuvent plus volontiers se reconnaître dans une identité de couleur ainsi qu'en témoigne l'usage du verlan « renoi » ou « keubla » (qui apparaît au milieu des années 1990). La question de l'appartenance à une diaspora (mon pays est ailleurs) ou à la communauté noire (qui induit que mon pays est ici) se pose donc de manière différente en Amérique du Nord.

Une autre différence tient au procès intenté à toute tentative de structuration communautaire. Quand se revendiquer « sénégalais » ou « congolais » revient à valider l'externalité de sa destinée, tenter de se rassembler sous la désignation de « Noirs de France » entraîne l'accusation de communautarisme. Le Conseil représentatif des associations noires de France (CRAN) est créé quatre-vingt-dix-sept ans après son équivalent américain, dont il accepte d'ailleurs la filiation (la NAACP). Le 26 novembre 2005, le CRAN se donne pour objectif de rassembler des représentants des Africains et des Antillais vivant en France. L'idée de cette fédération est née d'un colloque organisé le 16 février 2005 à l'École des hautes études en sciences sociales (EHESS) – « Les Noirs en France : anatomie d'un groupe invisible ».

Le CRAN subit immédiatement la critique d'associations domiennes. En avril 2006, Patrick Karam, alors président du Collectif des Antillais, Guyanais, Réunionnais et Mahorais (CollectifDom) estimait qu'il « portait la haine entre Noirs et Blancs » : « Le CRAN prétend représenter les Noirs en France, unis par la seule couleur de peau qui les déterminerait. Les médias surenchérissent en fantasmant sur le vote noir, la question noire, la communauté noire [...][1]. » D'autres critiques dénoncent une

1. À lire sur le site Potomitan : http://www.potomitan.info/lafwans/cran2.php, consulté le 5 juillet 2016.

dérive « communautariste » : « [...] de par son nom, [le CRAN] exclut *de facto* une partie de la population par sa couleur de peau. Pourrait-on concevoir un instant l'existence d'un CRAB (Conseil représentatif des associations blanches) ? On imagine le scandale que cela susciterait[1] ! ».

Modèle des communautés créolisées (Caraïbes/Amérique latine)

Orlando Paterson, dans un article passionnant, estime que les modèles caribéen et latino-américain ont pour point commun de ne pas opposer de manière binaire « noir » et « blanc » mais d'offrir un continuum de métissages variés[2]. Les populations afro-descendantes constituent la majorité de la population dans les sociétés caribéennes tout en occupant les places subalternes au niveau politique et économique (même si l'on constate des évolutions notables depuis le début des années 1960). Les Indiens et les Asiatiques viennent apporter une strate de complexité supplémentaire au sein des relations interraciales. Ces dernières varient également en fonction de la zone culturelle considérée : hispanique, anglophone ou francophone.

« Afrocentristes » vs « Afropéens »

Dans un contexte de brassage de populations, nombre de citoyens sont placés dans des conflits d'allégeance entre pays d'origine et société de réception. Face à ce dilemme, deux

1. Mathieu Richonet, « le CRAN, un danger communautariste », *AgoraVox*, 25 mars 2015. http://www.agoravox.fr/tribune-libre/article/le-cran-un-danger-communautariste-165300, consulté le 5 juillet 2016.

2. Orlando Paterson, « Black-White relations in Europe and the Americas : four modes of ethnic stratification », in Glenn C. Loury, Tariq Modood et Steven M. Teles, *Ethnicity, Social Mobility, and Public Policy Comparing the US and UK*, Cambridge, Cambridge University Press, 2004.

stratégies se font face. La première peut être qualifiée d'identité-racine. Il s'agit de s'identifier à une culture ou à une histoire d'origine ou perçue comme telle. Cette démarche n'est pas l'apanage des générations plus anciennes attachées à un pays particulier. Elle fait l'objet d'une attention forte de la part des nouvelles générations autour de l'afrocentrisme et du kémitisme. À l'inverse, la stratégie de l'identité-coupée fait table rase de tout élément originel. « Je suis noir et je n'aime pas le manioc », affirme Gaston Kelman dans un célèbre ouvrage. Il ajoute dans *Au-delà du noir et du blanc* : « Je ne me réveille pas tous les matins au son du djembé. Je ne me réveille pas avec sur le visage le crachat qu'a pris mon père colonisé. [...] Je voudrais cesser d'être un Noir. Je voudrais être tout simplement un homme[1]. »

Le point commun de ces deux stratégies est la recherche d'un centre unique à partir duquel se structurer. Leur point commun est l'occultation de la diversité des centres, et de la possibilité de leur mise en relation. Nombre d'individus tentent aujourd'hui de faire émerger cette troisième voie, dans la continuité de l'« enracinerrance » chère à l'écrivain haïtien Jean-Claude Charles. « Afropolitains », « Afropéens », « Afrocaribéens » : ce champ lexical indique une volonté d'appropriation multiple à la confluence du panafricanisme et de la mondialité. Le magazine *Roots*, par exemple, se présente comme le premier blozine parisien sur la culture « africaribéenne ». Le mot « afropolitain » apparaît chez Taiye Selasi, romancière britannique, dans son ouvrage *Bye-Bye, Babar (or What is an Afropolitan ?)* (2005). L'afropolitanisme – ou afrofusion – naît d'un entremêlement de réseaux de cultures, d'affinités et de langues. À la question « Tu viens d'où ? », il répond « plusieurs géographies » : pays d'origine, lieu de naissance, lieu de vie, destination envisagée[2]. Enfin, on peut faire remonter l'« afropéanité » au groupe congolais Zap Mama

1. *Au-delà du noir et du blanc*, Paris, Max Milo Éditions, 2005.
2. À lire : https ://www.afropolitans.org/je-suis-afropolitaine-voila-ce-que-cela-signifie/consulté le 5 juillet 2016.

et à son album de 1993 *Adventure in Afropea*. Mais c'est l'écrivaine Léonora Miano qui popularise le terme par son ouvrage *Afropean Soul et autres nouvelles* (2008). Elle estime que ce mot « afropéen » décrit « ces personnes d'ascendance subsaharienne ou caribéenne et de culture européenne : des individus qui mangent certes des plantains frits mais dont les particularismes ne sont pas tellement différents de ceux qu'on peut trouver dans les régions de France[1] ».

Naissance d'une communauté et/ou d'une question de recherche ?

Une question épistémologique demeure : Interroge-t-on la population noire – son histoire et sa sociologie – et/ou le fait même d'être noir ? Entamer cette recherche, n'est-ce pas participer à la structuration sociologique de cette communauté ? La contradiction n'est qu'apparente. Faire l'histoire des Noirs en France, c'est déterminer ce qui contribue à la conscience de couleur.

Cette interrogation est ancienne. Que l'on pense à l'enquête sur les étudiants noirs en France (*Réalités africaines*, 1962) de Jean-Pierre Ndiaye[2].

Après une occultation d'une quarantaine d'années, la négritude redevient un sujet de recherche au cours des années 2000. Que l'on pense à la publication de plusieurs ouvrages d'universitaires (*Le Paris noir* en 2001 de Pascal Blanchard, Éric Deroo et Gilles Manceron ; *France blanche colère noire* en 2006, de François Durpaire ; *La Condition noire* en 2008, de Pap Ndiaye ; *La France*

1. À lire : « Afropéen, par Sonya Faure », *Libération*, 9 avril 2015 : http://www.liberation.fr/debats/2015/04/09/afropeen-adj-qualifie-le-fait-d-etre-noir-et-ne-en-europe_1237052, consulté le 5 juillet 2016.

2. Jean-Pierre Ndiaye, *Enquête sur les étudiants noirs en France*, Paris, Réalités africaines, 1962, p. 273.

noire, présences et migrations des Afriques, des Amériques et de l'océan Indien en France en 2012, de Pascal Blanchard).

Du côté des démarches universitaires, citons la mise en place d'un séminaire de recherche par l'université de Paris 8 Vincennes-Saint-Denis et les Archives nationales pour l'année 2014-2015 : « Dans quelle mesure, la catégorie "populations noires" est-elle pertinente et que peut-elle apporter ? » Le résumé proposé pour le séminaire est instructif des critiques que l'on cherche à éviter. Il témoigne d'un champ de recherche en cours de structuration. La première précaution concerne la définition que l'on donne de la notion de race : « un fait social et non biologique ». Deuxième précaution : ne pas se laisser entraîner par la dimension visible et militante de la question noire : « Comment dépasser la réduction de cette catégorie à des élites sociales ou militantes souvent bien étroites ? »

Troisième précaution : « Aux analyses univoques de la représentation française des Noirs, il importe de substituer une histoire sociale capable d'analyser la pluralité dynamique des positionnements. »

Destiné aux étudiants de master, ce séminaire réunit des chercheurs français – Audrey Célestine (Lille 3), Sarah Fila-Bakabadio (UCP), Stéphane Beau (Paris Ouest) ou Éric Ménard (Paris Est) – et des chercheurs américains spécialistes de la France et plus familiers de la tradition historiographique des African American Studies, comme Crystal Fleming (State University of New York) ou Frederick Cooper (New York University).

Rares sont encore les thèses traitant la question des « Noirs de France ». Citons la thèse de sociologie, pour le coup fondatrice, de Yoann Lopez : *Les Questions noires en France : revendications collectives contre perceptions individuelles*[1]. Le chercheur part du constat de l'émergence d'une conscience noire qu'il date de 2005. Il explique cette conscience de couleur par l'existence

1. Soutenue à Bordeaux 2, la thèse a été dirigée par François Dubet. Le jury était présidé par Éric Macé.

de discriminations : « Rappelons que les individus ne sont pas discriminés parce qu'ils sont originaires d'Afrique ou des Antilles, parce qu'ils écoutent de la biguine ou du reggae, parce qu'ils mangent du poulet yassa ou un bokit, parce que leur histoire est reliée à celle de la Martinique ou du Sénégal, non ! Ils font l'expérience de la discrimination parce qu'ils sont, au premier abord, jugés sur leur couleur de peau[1]. »

Sa recherche repose sur une enquête de terrain menée sur cinq organisations. Elle arrive à la conclusion qu'il n'y a pas « une question noire » mais « plusieurs questions noires », les associations n'aspirant pas à représenter les mêmes populations (Antillais, Noirs, descendants d'esclaves et de colonisés). Pour lui, il existe un hiatus qui s'est cristallisé entre ces collectifs et les populations qu'ils affirment représenter. Il constate d'autre part que le récit national français est interrogé sur sa capacité à intégrer les spécificités propres à ces populations noires françaises.

Un savoir en relation pour comprendre une identité-relation

Le journal *Libération* en juillet 2015 lance un appel sur les réseaux sociaux[2] : « C'est quoi être noir(e) en France, au quotidien ? Racontez-nous. » Les internautes répondent sur Twitter *via* l'hashtag #TuSaisQueTesNoirEnFranceQuand… « on te demande si tu sais parler africain » ; « les Blancs veulent te toucher les cheveux » ; « on te demande de sourire pour pouvoir te voir dans le noir », « le prof parle d'esclavage en cours et tout le monde se retourne vers toi » ; « quand avec ces jours de

1. Yoann Lopez, « Les Noirs de France : "entre race et ethnie" », Actes du colloque « Le désir de reconnaissance : entre vulnérabilité et performativité », https://vulnerabiliteperformativite.files.wordpress.com/2011/07/actes-de-la-journc3a9e-reconnaissance-vulnc3a9rabilitc3a9-performativitc3a9.pdf

2. Elsa Maudet, « Être noir en France, c'est toujours avoir à s'excuser pour sa couleur », *Libération*, 3 juillet 2015.

canicule, tes potes te disent "ça va tu as l'habitude" alors que tu es né dans le 77 ».

Cependant, demander « ce qu'est être noir » sans se demander si les intéressés se reconnaissent ou non sous cette terminologie ne peut être le point de départ du chercheur. Pour surmonter l'obstacle épistémologique qui consiste à présupposer la catégorie que l'on cherche à étudier, il faut repenser toute notre conception de l'identité. Si ce sont les relations qui structurent nos appartenances, plus que des données sémantiques, ce sont celles-là qu'il faut étudier : les relations au sein du monde professionnel ; les relations tissées au cours des mobilisations ; les relations liées aux pratiques de loisirs ; les relations amicales et amoureuses ; les relations construites avec les institutions ; les relations réelles ou symboliques avec le pays d'origine et le pays d'accueil ; les relations *via* les médias et nouveaux médias. Chacun de ces axes mérite d'être structuré mais a déjà fait l'objet d'études souvent disparates.

Si nous prenons l'exemple de ce dernier axe, des travaux ont été menés sur les sites communautaires tel NOFI (« Noir et fier ») qui se présente comme « la première plate-forme d'échange, d'information, de réseautage et de réflexion sur le quotidien de la communauté noire ». Par ailleurs, un travail sur l'Internet des diasporas noires en France a déjà été mené par Souley Hassane de l'université de Poitiers[1]. Il décrit une cybernégritude influencée par le modèle américain : « Le cybermonde noir se définit comme un véritable "maquis des diasporas noires" en quête d'émancipation et de reconnaissance. [...] L'Internet des diasporas noires réinvente en quelque sorte une "utopie noire mondialisée". »

Concluons sur ce rappel essentiel, de la nécessité de n'enfermer aucune étude en sciences sociales dans des frontières nationales

1. Souley Hassane, « L'Internet des diasporas noires aux États-Unis, en Grande-Bretagne et en France », *Revue européenne des migrations internationales*, vol. 26, n° 1, 2010, p. 119-139.

trop étanches. On ne peut écrire et penser la France noire sans comprendre l'émergence d'une culture transnationale qui met en dialogue l'Afrique et l'ensemble des autres continents.

La « France noire » dans les médias : du déni à l'affirmation

par Rokhaya Diallo

Depuis le premier rapport de Marie-France Malonga commandé par le Conseil supérieur de l'Audiovisuel (CSA) en 1999 et l'irruption sur la scène du théâtre du Châtelet du comédien Luc Saint-Éloy et de l'écrivaine Calixthe Beyala lors de la cérémonie des César pour exiger une meilleure représentation des acteurs noirs au cinéma, la question de la visibilité des Français non blancs revient de manière récurrente dans le débat[1].

Quelques années plus tard, la classe politique française allait faire face aux révoltes urbaines qui avaient éclaté en région parisienne, à Clichy-sous-Bois, à la suite de la mort tragique de deux adolescents[2]. Devant l'urgence et la tournure des faits, la réponse ne s'était alors pas fait attendre, le président français

1. Marie-France Malonga – sociologue des médias et chargée de cours « médias et minorités » à l'université Paris II – actualisait l'étude faite par le CIEMI qui avait examiné quinze jours de programmes. Cette étude avait dressé un triple constat : sous-représentation des personnes étrangères sauf dans les séries américaines ; présentation stéréotypée et exotique de ces personnes dans les publicités ; absence, dans les médias, de professionnels issus des minorités.

2. Le 27 octobre 2005, deux adolescents, Zyed Benna (dix-sept ans) et Bouna Traoré (quinze ans) ont trouvé la mort à Clichy-sous-Bois, électrocutés dans l'enceinte d'un poste électrique dans lequel ils s'étaient réfugiés pour échapper à un contrôle de police, ce qui a conduit à de violents affrontements entre plusieurs centaines d'individus de Clichy-sous-Bois et les forces de police françaises. Les deux disparus ont désormais une allée à leur nom à Clichy-sous-Bois.

de l'époque, Jacques Chirac, prit la dimension de la contestation grandissante de cette jeunesse française et prononça le mot « discrimination » – une première pour un chef d'État français. Il convoqua les responsables de l'audiovisuel afin de les inciter à promouvoir davantage de « diversité » à la télévision française.

C'est dans ce contexte qu'en mars 2006 la chaîne TF1 annonça le recrutement de Harry Roselmack qui devint le premier journaliste noir à qui l'on confiait les manettes de l'emblématique journal télévisé de 20 heures – le plus regardé d'Europe. L'événement revêtait un caractère si exceptionnel que plusieurs mois avant que le journaliste ne prenne l'antenne l'opinion française fut savamment préparée à l'idée de voir désormais apparaître un visage noir dans sa familière lucarne.

Dans les années qui suivirent, les débats sur la diversité battirent leur plein, et c'est d'ailleurs à cette époque que je fus repérée pour intégrer l'émission « La Matinale » sur la chaîne Canal +.

En 2012, l'acteur français Omar Sy reçut le César du meilleur acteur. On le présenta alors comme étant le premier Noir récipiendaire de cette distinction, ce qui montrait à quel point la France méconnaissait sa propre histoire dans laquelle les figures noires ne manquent pourtant pas. Chaque génération semble ainsi frappée d'une curieuse amnésie, effaçant par exemple l'acteur Isaach de Bankolé qui, vingt-cinq ans avant Omar Sy, était le premier acteur noir lauréat du César du meilleur espoir masculin pour son rôle dans le film désormais culte *Black Mic-Mac* (1986) ! Mais cet acteur, las de ne se voir offrir en France que des rôles stéréotypés, avait fini par s'expatrier outre-Atlantique…

Toutefois, la visibilité presque orchestrée de quelques figures non blanches ne devrait pas masquer cette majorité qui reste absente de l'espace audiovisuel français. Les rares visages non blancs remarqués ici et là sont au mieux circonscrits à certains domaines attendus comme le sport ou la musique, voire les faits divers et informations à caractère négatif où leur discours est réduit à quelques interventions souvent caricaturales.

C'est en partant de ce constat que j'ai créé en 2007 une association antiraciste, « Les Indivisibles », dont l'objectif est de traquer le racisme dans les médias et qui est à l'origine des *Y a Bon Awards*, une cérémonie qui « récompense » chaque année les propos à caractère raciste et discriminatoire de personnalités publiques.

Organisés comme une plate-forme de riposte pour les minorités, nous avons pour objectif de répercuter ces propos de plus en plus banalisés dans le quotidien du bourdonnement médiatique. Nous en avions la conviction : il était urgent que les personnes victimes de ces discours prennent la parole, qu'elles ne soient plus réduites à des objets de commentaires désobligeants et racistes.

Il aurait été facile d'identifier les personnalités notoirement racistes éructant leur haine en postillonnant, mais pour nous il ne s'agissait pas de se contenter de décrier les propos racistes de ces personnages parfois condamnés à ce titre – comme Éric Zemmour ou Jean-Marie Le Pen –, nous nous sommes fixé au contraire une mission plus délicate : attirer l'attention sur celles et ceux qui sont des figures respectées de la vie publique française et qui laissent cours à ces propos offensants. Nous avons en somme choisi de pointer du doigt le racisme le plus « subtil » : celui qui émane de cette élite intellectuelle qui se prétend politiquement progressiste et s'imagine de ce fait naturellement tolérante et ouverte, comme si son ADN comportait un antivirus contre le racisme.

Voici à titre d'exemple un florilège des propos tenus par quelques-unes de ces figures publiques françaises :

« L'Africain a su préserver une part de rêve qui reste intacte malgré nos sociétés phagocytées par l'argent. Il est très créatif et garde un culte de la langue que nous n'avons plus. Il garde une pureté, une innocence, une naïveté, qui est la forme que doit prendre la publicité. L'Africain est heureux malgré les drames qu'il côtoie. La publicité doit réveiller l'enfant qui sommeille en nous. La force de l'Africain, c'est de savoir garder cette part enfantine que les autres adultes effacent. »

Jacques Séguéla, publicitaire (*Beau Magazine*, février 2009)

« Aux Français des tropiques qui veulent travailler à l'antillaise et consommer à la métropolitaine, rappelons qu'il faut labourer la terre arable pour qu'elle lève d'autres moissons que celles du songe et que, hors de la France, les Antilles seraient au mieux une usine à touristes américains, au pire un paradis fiscal rongé par la mafia, ou un Haïti bis ravagé par des "tontons macoutes" moins débonnaires qu'Yves Jégo… »

Christophe Barbier, directeur de la rédaction de *L'Express*
(Éditorial dans *L'Express*, 18 février 2009)

À propos de l'affaire Dominique Strauss-Kahn :

« Quelle image donnons-nous au monde quand les télévisions de la planète entière montrent un prestigieux Français pénétrer dans le tribunal de New York, piteux, mal rasé et toujours menotté, pas mieux traité que les malfrats de couleur déférés avant et après lui devant le juge ? C'est ravageur. »

Sylvie Pierre-Brossolette, rédactrice en chef au *Point*
(Éditorial dans *Le Point*, 19 mai 2011)

Plus récemment, le 30 mars 2016, interrogée sur la « mode islamique » prisée désormais par les grands couturiers, la ministre socialiste française Laurence Rossignol en charge des Droits des femmes a manifesté sa désapprobation quant au port du voile en comparant les femmes musulmanes qui le portaient volontairement aux « nègres américains qui étaient pour l'esclavage[1] ».

1. Interview menée par Jean-Jacques Bourdin sur BFM et RMC, le 30 mars 2016. La ministre répondit : « Il y a des femmes qui choisissent, il y avait aussi des nègres afric… des nègres américains qui étaient pour l'esclavage. […] Je crois que ces femmes sont pour beaucoup d'entre elles des militantes de

L'emploi délibéré du mot « nègre » – insultant au passage la liberté de conscience de ces femmes musulmanes –, face à un journaliste impassible, a été justifié à de nombreuses reprises par plusieurs personnalités politiques citant de manière totalement anachronique le philosophe français Montesquieu, auteur au XVIIIe siècle d'un essai sur « l'esclavage des nègres », tout en rappelant que la ministre ne pouvait être raciste puisqu'elle avait cofondé… l'association antiraciste SOS Racisme en 1984.

En réponse, une pétition demandant la démission de cette ministre a été immédiatement lancée par Hawa N'Dongo, une étudiante activiste, massivement soutenue par plus de trente-cinq mille signatures. Une manifestation fut organisée par le Conseil représentatif des associations noires (CRAN) et la Brigade anti-négrophobie (BAN) devant les locaux de la chaîne de télévision BFM. D'autres organisations antiracistes créées elles aussi par des personnes issues de groupes minorés avaient saisi le CSA – en charge de la régulation de l'audiovisuel français – et la justice, totalisant plus de quatre cents plaintes.

Étrangement, Gilles Clavreul, délégué interministériel chargé par le gouvernement de la lutte contre le racisme et l'antisémitisme, publia un long message sur sa page Facebook, soutenant la ministre et regrettant que « chaque parole, chaque mot, soit aussitôt pris au premier degré comme une agression ».

Les Noirs de France seraient donc trop susceptibles au goût de celui qui est pourtant censé les prémunir du racisme qui les vise…

Laurence Rossignol elle-même évoqua une simple « maladresse ». Ces mêmes personnes bondissaient la main sur le cœur pour défendre Christiane Taubira, lorsqu'elle était comparée à un singe.

---

l'islam politique. Je les aborde comme des militantes, c'est-à-dire que je les affronte sur le plan des idées et je dénonce le projet de société qu'elles portent. Je crois qu'il peut y avoir des femmes qui portent un foulard par foi et qu'il y a des femmes qui veulent l'imposer à tout le monde parce qu'elles en font une règle publique. »

Certes l'ancienne garde des Sceaux était visée par un racisme plus vulgaire dont l'expression crue leur apparaissait probablement comme étant d'une nature toute différente de ce qui était exprimé par les intellectuels évoqués plus haut. Néanmoins, un fil lie de manière évidente les cris de singe au mépris d'une ministre qui, soutenue par sa classe, disqualifie ses concitoyennes musulmanes et offense la mémoire des citoyens descendants d'esclaves. C'est l'écho d'un système né de la domination historique face à un groupe construit comme inférieur, toujours exposé au racisme systémique et structurel sur lequel reposent bon nombre des institutions de notre pays.

Je voudrais enfin rappeler combien les femmes noires, éternelles oubliées de la question noire, sont encore cantonnées au champ de l'exotisme.

En effet, lorsqu'en 2007 Rama Yade fit son entrée dans le second gouvernement du Premier ministre François Fillon, on assista à un déferlement dans les gazettes. Dans les pages de l'hebdomadaire *L'Obs*, de *Jeune Afrique* et du *Figaro*, la ministre de la République devint tout à coup « la belle Rama », une femme « physique, instinctive », au « physique de basketteuse », au « sourire enjôleur » dont la « beauté éclatante » lui vaut d'être présentée le plus sérieusement du monde par *Le Figaro* comme la « Naomi Campbell du gouvernement » ! La couleur de peau de la désormais « perle noire de Sarko » ne passait pas inaperçue, on s'extasiait du fait qu'elle était « noire, très noire, belle, très belle » « sénégauloise » de « 1,77 mètre ».

Le journal *Métro* délivra une information de la plus haute importance lorsqu'il présenta Seybah Dagoma, élue députée socialiste en 2012 en ces termes : la jeune femme cuisine à merveille les spécialités africaines, comme le poulet yassa ! Dans le portrait que lui avait consacré *Libération*, le nom de Rama Yade était cité pas moins de cinq fois. Et les comparaisons y relevaient de la plus fine analyse politique : « Aussi grande (1,80 mètre) [que Rama Yade], elle n'a pas le visage de poupée de la secrétaire d'État aux Droits de l'homme. Mais une beauté au couteau. Plus Picasso que Picabia… »

Après tout, pourquoi s'attarder sur leurs convictions politiques divergentes, si l'on peut se contenter d'un concours de beauté ? Quant aux talents oratoires de la charismatique Christiane Taubira, ils deviennent dans les pages médias de *Libération* un « swag d'enfer » qui vaut à la numéro trois du gouvernement le très enviable titre de « Beyoncé française ». Et pourquoi pas Ségolène Royal, Lady Gaga française ?

Malgré ces expressions accablantes, les voix qui contestent cette rhétorique sont marginalisées et décrédibilisées. Lorsqu'elles parviennent à s'immiscer dans l'espace public légitime, elles sont rejetées car perçues comme ne représentant pas l'avis « général ». En effet, en France lorsque les victimes du racisme osent en dénoncer les mécanismes, elles sont accusées de communautarisme. L'on n'entend jamais personne interroger le seul communautarisme réellement effectif : celui qui unit les élites médiatiques, économiques et politiques majoritairement blanches, masculines, hétérosexuelles et âgées. C'est pourtant le seul groupe capable de s'organiser pour contrôler les bastions de pouvoir à l'exclusion de tous les groupes minorés et d'en tirer des privilèges.

La visibilité des Noir.e.s de France est capitale, tout comme celle de tous les autres groupes racisés. Toutefois il ne faut pas la réduire à quelques symboles, qui dédouaneraient un système profondément inégalitaire sans jamais le transformer. Désormais il s'agit pour les Noir.e.s de France, et plus généralement les non-Blancs et les non-Blanches, de s'emparer de la parole qui les concerne. Il est impératif de conquérir les espaces qui leur permettront de répondre directement aux attaques répétées, et ce sans intermédiaire. Il est temps enfin de déterminer les termes qui les désignent pour imposer désormais une phraséologie digne et choisie.

À propos du *Sanglot de l'homme noir*

par Alain Mabanckou

Dès la parution de mon recueil d'essais *Le Sanglot de l'homme noir*[1] – et sans doute à cause du titre qui incitait d'emblée à la polémique –, le livre avait été interprété au-delà de ce que j'avais voulu exprimer. Mon discours avait le plus souvent été déformé, cité hors de son contexte, travesti sans voies de recours, j'allais même dire noirci ou blanchi selon les intérêts qui étaient en jeu.

J'ai même lu quelque part que je confirmais les thèses des Blancs patriotes, nostalgiques des colonies qui, désormais, s'écriaient : « Vous voyez, même un nègre le dit ! En plus il le dit mieux que nous ! »

J'ai vu, à ma plus grande stupéfaction, des passages de ce livre cités sur des plates-formes des partis d'extrême droite tandis que, sur Slate Afrique, un contributeur publiait un article intitulé : « Alain Mabanckou écrit-il pour les Blancs ? »

D'entrée de jeu, ce contributeur lance : « Le problème avec les hommes qui disposent d'un talent exceptionnel est qu'ils se donnent parfois le droit de faire n'importe quoi. C'est ce que vient d'illustrer le lauréat du prestigieux prix Renaudot 2006. En un texte inégal et un peu énervé, l'écrivain congolais Alain Mabanckou livre dans *Le Sanglot de l'homme noir* (Fayard, 2012) sa vision de l'Afrique et des Africains émigrés, de la littérature africaine, et surtout de la nouvelle citoyenneté française

1. *Le Sanglot de l'homme noir*, Paris, Fayard, 2012 et Seuil, « Points » n° 2953, 2013.

à laquelle il revendique d'appartenir. Il dit çà et là des choses très justes, avant de s'égarer dans des logorrhées où il montre comment ce que l'Afrique a de plus brillant est souvent tenté par la facilité, la fuite, la fatuité. »

Et de conclure :

« Décidément, on dirait qu'il y a quelque chose qui ne va pas chez ces auteurs d'Afrique francophone consacrés en France. Combien ça leur rapporte de se ridiculiser avec une telle délectation ? Qui leur passe cette commande ? On ne voit pas si souvent le Libanais en Côte d'Ivoire, le Grec au Cameroun ou le Français au Gabon expliquer, au bout de cinq générations de présence de sa famille dans ces pays, comment il est devenu Ivoirien, Camerounais ou Gabonais. Lorsqu'ils sont devenus citoyens de ces pays, ils assument une certaine discrétion à cet égard. Cette pudeur-là a du sens ! »

Bref, j'avais donc causé une déception irréversible à ce lecteur. Je commencerai par lui dire ceci :

Je n'ai jamais vendu mon âme pour un plat de lentilles.

Je ne travaille pas pour un syndicat de Blancs ou de Noirs.

Je ne suis pas un nègre de salon.

Je ne suis pas un nègre qui porte les valises de l'Occident.

Je ne suis pas la gomme chargée d'effacer les stigmates du passé.

Je ne suis pas un chirurgien esthétique spécialisé dans le lifting de l'Histoire. Parce que je sais qu'un homme sans histoire est un zèbre sans ses zébrures.

Je n'observerai pourtant pas l'attitude stérile du spectateur car moi aussi j'ai appris avec Aimé Césaire et son *Cahier d'un retour au pays natal* que la vie n'est pas un spectacle, qu'une mer de douleurs n'est pas un proscenium, et qu'un homme qui crie n'est pas un ours qui danse.

Ce qui m'intéresse donc, ce n'est pas le spectacle de la vie, c'est le cri de désespoir que pousse l'être humain, et peu importe sa couleur, ses origines, son ethnie.

Le Sanglot de l'homme noir doit être replacé dans le contexte d'un individu qui est né en Afrique noire, qui a grandi en Afrique noire, qui est devenu franco-congolais après plus de dix-sept ans en France et qui, aujourd'hui, vit et travaille aux États-Unis, d'abord dans le Michigan dont Detroit est une des villes les plus emblématiques des États-Unis au sujet de la question noire, puis la Californie, lieu par excellence du croisement, du mélange des origines…

Le Sanglot de l'homme noir est donc un livre très personnel fondé sur la migration, la mienne ; l'expérience, la mienne ; l'observation, la mienne ; et ce livre n'a pas pour ambition de résoudre les antagonismes des communautés ou bien tous les problèmes de l'Homme noir, encore moins de ne traiter que de la confrontation du Noir et du Blanc.

Ce livre s'inscrit dans le prolongement d'un autre essai, intitulé *Lettre à Jimmy*[1], que j'avais publié au sujet de l'écrivain africain américain James Baldwin et de la question des droits civiques aux États-Unis.

Le Sanglot de l'homme noir est pour ainsi dire un livre destiné aux Noirs d'Afrique vivant dans le continent noir ou qui, comme moi, se retrouvent hors de cet espace par le biais de l'immigration. Dans ce sens, je définis la formule « Sanglot de l'homme noir » comme la tendance qui pousse certains Africains à n'expliquer les malheurs du continent noir – tous ses malheurs – qu'à travers le prisme de la rencontre avec l'Europe, comme si la vengeance pouvait résorber les ignominies de l'Histoire et nous rendre la prétendue fierté que cette Europe inculpée aurait violée.

Il ne s'agissait pas de nier la part de responsabilité de l'Europe quant à la situation actuelle du continent noir : il s'agissait pour moi de rappeler qu'une autocritique pouvait aussi avoir sa place et illustrer combien nous autres Africains pouvons également être considérés, de près ou de loin, comme les acteurs de notre

1. Seuil, « Points » n° 2072, 2009.

propre perdition, de notre propre échec sans pour autant percevoir l'Autre comme l'unique et seul bouc émissaire.

Ce qu'un peuple subit au jour le jour est aussi important que ce qu'il a subi dans le passé. Le présent que nous vivons sera demain le passé, et nous avons une responsabilité de faire en sorte que nos descendants ne puissent souffrir des maladresses ou des erreurs que nous commettons…

Le Sanglot de l'homme noir est d'abord un livre adressé à mon fils aîné dont la mère est guadeloupéenne et qui n'a jamais mis les pieds en Afrique.

Le chapitre 1 est une lettre dans laquelle je demande à ce fils, Boris Mabanckou, de se forger ses propres convictions sur l'Afrique, de s'éloigner des idéologies toutes faites et de ne pas s'imaginer que le nègre aurait été maudit depuis la nuit des temps, depuis l'épisode biblique de la malédiction de Cham. Je l'appelle à réfléchir non seulement sur le passé, mais aussi sur les préoccupations quotidiennes, car le salut du nègre n'est ni dans la pitié ni dans la commisération.

Le chapitre 2 intitulé « Un nègre à Paris » évoque ma rencontre avec un Camerounais dans une salle de gym à Paris, et ce Camerounais, agent de sécurité, soutenait mordicus qu'il y avait des professions auxquelles le Noir n'accéderait jamais et que si j'étais devenu professeur aux États-Unis, je ne l'aurais pas été en France, les Américains étant plus ouverts.

Le chapitre 3 intitulé « L'esprit des lois » parle de cette question de « la France noire », un terme qu'on utilise désormais et qui laisse penser qu'il existerait une communauté noire en France. Il y a certes une présence noire en France, mais il n'y a pas de communauté noire dans ce pays comme aux États-Unis. Si outre-Atlantique la présence des Noirs s'explique entre autres par le commerce triangulaire, en France métropolitaine il n'en a pas été ainsi. Nous avons traversé l'Histoire d'abord comme des « sauvages » et des « indigènes », puis en tant que « tirailleurs » dans les guerres européennes, avant de comprendre ce que voulait dire le Blanc lorsqu'il prononçait le mot « nègre ».

Il nous fallait détourner ce mot, en faire une fierté – toujours comme les Africains-Américains –, et nous nous en sommes emparés pour lancer un des mouvements les plus marquants de la pensée noire, la négritude.

La négritude s'est dressée face à un monde blanc qui s'arrogeait le droit d'imposer sa civilisation prétendument « éclairée » à des barbares empêtrés dans les ténèbres de l'obscurantisme. Il n'est pas exagéré d'affirmer que c'est le Blanc qui a inventé le Noir, et que, partant, le Noir a été contraint de définir le Blanc avec le vocabulaire de celui-ci, souvent de façon caricaturale puisque la seule image qu'il en avait provenait d'une rencontre tumultueuse marquée par la ruse, l'invasion, la conquête, la captivité et la domination.

La présence des Noirs en France est une longue et sinueuse histoire, résultat de multiples facteurs dont, entre autres, la stratégie politique du pays d'accueil pendant certaines périodes sombres, la quête d'une vie meilleure des Africains ou des « Domiens », ou encore l'apparition de nouvelles générations qui n'ont plus rien à voir avec le continent noir mais qui s'estiment non reconnues dans le pays où elles sont nées.

Dans l'esprit de beaucoup, les Noirs de France représentent un bloc, une entité cohérente susceptible d'exprimer des revendications collectives et de peser sur la politique française. Ce n'est qu'une illusion : la composition hétéroclite de cette population m'a toujours conduit à réfuter l'existence d'une « communauté ». Et dans *Le Sanglot de l'homme noir* je me pose plusieurs questions : Qu'y a-t-il de commun, en dehors de la couleur de peau, entre un Noir en situation régulière, qui étudie à Sciences-Po, un sans-papiers d'Afrique de l'Ouest, un réfugié haïtien ou un Antillais de couleur issu d'un département intégré au territoire français ? En général ils ne se connaissent pas, leurs rapports se basent essentiellement sur les préjugés du monde occidental, ceux-là mêmes qui ont justifié l'esclavage ou la colonisation. En France, le Sénégalais, le Réunionnais et le Congolais sont des étrangers entre eux, ne parlant pas une langue commune venue d'Afrique mais le français. Fiers d'être des sœurs et des frères noirs, fiers de venir du « berceau de l'humanité », d'un peuple qui a « beaucoup souffert », ils ne pourraient fonder leur lien que sur l'histoire de l'esclavage ou celle de la colonisation.

Or pour que l'esclavage soit l'éventuel ciment d'une communauté noire en France, encore faudrait-il que les Noirs aient pour la plupart échoué dans ce territoire à l'issue de ce trafic. D'où leur fascination pour les Africains-Américains arrachés du continent noir. Pourtant, ces derniers ne disposent pas comme les Noirs de France d'un « territoire de repli ». Lorsqu'un Africain-Américain subit une injustice, il ne peut se dire : « Si on ne veut pas de moi ici, je rentre dans mon pays d'origine ! » En France, beaucoup de Noirs peuvent encore le dire, ou à tout le moins exhiber le pays d'origine de leurs parents, ou le « territoire mythique » des ancêtres. En somme, un bon nombre de Noirs de France sont en quelque sorte des citoyens de l'alternative. Si je ne suis pas accepté ici, je peux toujours aller là-bas, quitte à me perdre encore plus dans ma terre d'origine ou celle de mes parents.

Dans un chapitre intitulé « Le devoir de violence », j'ai rappelé des faits qui, sans doute, avaient le plus contribué à jeter de l'huile sur le feu. Il s'agissait de la question de l'esclavage que traitera tout à l'heure ma prestigieuse invitée Françoise Vergès. Faut-il rappeler combien ce sujet de l'esclavage demeure sensible jusqu'à nos jours ? La consigne étant de ne pas en parler n'importe comment, n'importe quand, avec n'importe qui – ou alors, lorsqu'on en parle il faut le faire dans une direction bien déterminée, en reprenant ce qui redonnerait la fierté à tel camp et condamnerait tel d'autre.

Je contai alors dans cet ouvrage mon expérience à Nantes, et je rappelai que même si au cours du XIXe siècle la plupart des maires de cette ville furent des négriers, Nantes n'était pas la seule ville française à endosser cette sombre responsabilité. On pourrait également citer comme bastions de la traite atlantique les villes du Havre, de Bordeaux, de Saint-Malo ou de La Rochelle qui avaient activement pris part au commerce triangulaire. Mais ce n'est pas cela qui horripilait certains de mes lecteurs du continent. C'est l'évocation de la part de notre responsabilité dans cette tragédie. Or la participation de ces Africains qu'on appelait alors les « négriers noirs » n'est pas une invention pour consoler l'Europe et calmer le « sanglot de l'homme blanc ». Pendant ce trafic inhumain les esclaves noirs étaient rassemblés, puis conduits vers les côtes par d'autres Noirs ou par des Arabes. C'est cette « ambiguïté » qui explique aujourd'hui le conflit larvé entre les Africains et les Antillais et, au-delà, les Africains-Américains. En général quelques-uns de ces « autres frères noirs » nous accusent d'avoir collaboré à cette ignoble entreprise avec la complicité de certains chefs de tribu.

Pour autant, il ne s'agit pas de dire que les Africains, tous les Africains, étaient des négriers ! Loin de là. Mais lorsqu'on retrace l'Histoire, il est utile de ne négliger aucun fait : chaque tragédie, esclavage, génocide ou système de domination – comme la colonisation – compte son lot de complices, qu'ils soient appelés négriers noirs ou collabos.

Si j'évoquais la question de la part de responsabilité des Africains, c'est parce que j'avais eu un des accrochages les plus dangereux de ma vie avec un Noir américain. Et c'est cet Africain-Américain qui m'inspira dans ma démarche.

Revenons à cet accrochage :

J'habitais en ce temps-là dans la ville d'Ann Arbor (Michigan) et je me rendais en voiture à Washington avec deux amis, un métis franco-américain et un Africain-Américain. Le premier, Pierre, préparait une thèse de littérature sur l'œuvre de l'écrivain d'origine haïtienne Dany Laferrière. Son père, un Africain-Américain, avait participé au débarquement de Normandie. Sa mère était une Française. Pierre avait vécu pendant un moment en France avant de rejoindre son père aux États-Unis. Nourri d'une double culture qu'il assumait avec fierté, c'était un garçon plutôt tranquille, sympathique et qui tenait des propos équilibrés sur « la question raciale ». Chez les Noirs il était vu comme un Blanc, et chez les Blancs on le prenait pour un Noir. Ce n'était pas pour autant une situation choquante, c'était « le statut » du métis, me disait-il avec un sourire malicieux. C'est lui qui m'avait présenté à Tim, un Africain-Américain qui travaillait au service de ramassage des ordures de la ville d'Ann Arbor. À l'opposé de Pierre, Tim était très préoccupé par la condition des Noirs aux États-Unis et ne laissait rien passer lorsqu'on touchait à ce qu'il considérait comme « la cause suprême ». Je me retrouvais donc entre deux « types » de descendants d'Africains, deux exemples de ce que la diaspora avait donné : un croisement entre le Blanc et l'Africain-Américain, et un descendant des esclaves africains échoués en Amérique par le biais de la traite négrière. Au milieu, j'incarnais presque leurs « racines », l'Afrique « profonde », le Noir qui n'avait pas connu l'esclavage. Nous habitions dans le même quartier, et il arrivait que Pierre et moi allions regarder un match de football américain à la télé chez Tim. Ce dernier débordait de gentillesse, m'appelait « Mandingo » en plaisantant. Je mettais cette plaisanterie sur le compte de sa conception mythique de l'Afrique, car il m'avait confié que le peuple mandingue était son obsession. L'image qu'il avait de l'Afrique contemporaine était toutefois très négative. Il parlait de barbarie, de famine, de guerres civiles et de dictatures. Bref, tout ce que les médias rapportaient. N'ayant jamais mis les pieds sur le continent noir il s'imaginait que nous vivions encore dans des cases en terre battue et que nous subsistions grâce à la chasse et la cueillette. D'où l'emploi de ce terme « Mandingo » à double sens. Son obsession pour les Mandingues était sans doute due essentiellement au livre *Racines* d'Alex Haley [1], mais

1. Alex Haley, *Racines*, Paris, Jean-Claude Lattès, 1993. Le film *Roots : The Saga of an American family* est sorti en 1976 et a été diffusé en France sous le titre *Racines*.

surtout au film éponyme qui a connu un succès mondial et réveillé l'orgueil des Africains, en particulier ceux qui réclament des comptes au monde occidental au sujet de l'esclavage depuis des décennies.

L'auteur africain-américain s'était rendu en Gambie, « le pays de ses ancêtres », pour comprendre ses origines. Dans un petit village, il fait la connaissance d'un griot qui lui raconte sa généalogie et la geste de sa lignée jusqu'à ce personnage de Kunta Kinté, vieux Mandingue qui fut capturé par les Blancs en allant chercher du bois pour confectionner un tambour. Échoué en Virginie après de longs mois d'une traversée au cours de laquelle plusieurs Noirs périrent en haute mer, Kunta Kinté sera le point de départ d'une lignée d'esclaves au destin tragique, mais décidés à inscrire leur histoire sur la terre américaine.

M'appeler « Mandingo » était pour Tim une façon de me ramener subrepticement à ma barbarie, celle qui, évidemment, avait poussé certains de mes ancêtres moins courageux et dignes que Kunta Kinté à commettre l'irréparable : vendre leurs propres frères au Blanc.

À Washington, nous avions loué des chambres dans un petit hôtel du centre-ville afin d'assister au mariage du frère de Pierre. Il était né bien avant ce dernier, de la rencontre du père avec une Africaine-Américaine. Ailleurs on aurait parlé de demi-frère, mais Pierre préférait l'appeler tout simplement « mon frère ».

– C'est comme ça en Afrique, insistait-il.

En attendant le mariage qui aurait lieu le lendemain, nous avions décidé d'aller faire la fête au Zanzibar, une boîte de nuit africaine. Tim avait déjà bu quelques verres de whisky dans sa chambre. C'est lui qui avait souhaité qu'on aille « danser africain » pour qu'il retrouve ses racines :

– Quand j'écoute la musique africaine, c'est comme si je retournais chez moi ! Ce soir je veux retourner chez moi !

Dans la voiture il s'assit à côté de Pierre qui conduisait, tandis que je prenais place à l'arrière. Au milieu du chemin, alors que j'étais persuadé qu'il dormait puisque son menton était collé à sa poitrine, l'Africain-Américain se redressa brusquement et commença à délirer :

– C'est de la merde l'Afrique !

J'éclatai de rire, mais très vite ses blagues se changèrent en attaque contre moi :

– Mandingo, c'est bien de sortir de ta brousse africaine, non ? Tu es content de rouler dans une voiture américaine et de travailler dans une université de mon pays, hein ?

Comme je ne lui répondais pas, il éleva la voix :

– C'est à toi que je parle, Mandingo ! Tu peux au moins répondre à un fils d'esclave ou bien ton rang de chef de tribu africaine te l'interdit ?

Pierre essaya de le calmer, mais Tim était subitement hors de lui :

– Non, ce Mandingo, il faut qu'il me réponde ! Il me doit des explications, et j'en ai marre de me taire !

– Tim, allons, tu ne trouves pas que tu commences à pousser le bouchon un peu loin ? fit Pierre en ralentissant l'allure de la voiture.

– Non, ce Mandingo, il vient dans mon pays, on lui donne un bon boulot dans une grande université, et moi je fais un job de merde comme à l'époque de l'esclavage ! Lui et ses ancêtres ils m'ont vendu aux Blancs, et c'est à cause de lui que je ne suis qu'une punaise en Amérique ! S'il ne m'avait pas vendu je serais resté en Afrique, même pauvre j'aurais au moins été libre ! Je vais le tuer ! Je te jure, Pierre, je vais le tuer !

Pierre et moi ne savions plus quelle attitude adopter. Tim avait maintenant les yeux rouges de colère, et le regard qu'il me lançait trahissait une haine qui semblait venir de très loin.

Je demandai à Pierre de s'arrêter pour que je sorte de la voiture, mais cette proposition jeta de l'huile sur le feu.

Tim s'époumona :

– Tu ne sortiras pas de cette voiture, je dois te tuer !

Il se retourna vers moi et, en une fraction de seconde, je vis ses longs bras se tendre vers mon cou. Je reculai pendant que la voiture zigzaguait.

Pierre se gara sur la bande d'arrêt d'urgence et je bondis. Puis Pierre redémarra tandis que Tim hurlait de rage :

– Je vais te buter, sale Africain !

Un taxi me ramena à l'hôtel. Dans ma chambre, je rangeai mes affaires et cherchai un autre hôtel dans les parages. Au petit matin, Pierre me raconta par téléphone la fin de la soirée. De retour du Zanzibar, Tim était allé frapper à plusieurs reprises à la porte de ma première chambre. Pierre lui avait demandé d'aller me présenter ses excuses. Mais auparavant, il avait parlé d'utiliser une arme à feu pour m'abattre !

Le jour du mariage j'aperçus Tim dans la foule. Il m'évitait du regard. Il semblait très gêné et ne savait quelle attitude adopter à mon égard. Pierre intervint pour que nous fassions la paix.

Une fois de retour à Ann Arbor, Tim me présenta longuement ses excuses. Il ne savait pas ce qui lui avait pris ce soir-là, il affirmait qu'il avait été la proie de mauvais esprits. J'acceptai ses excuses, sachant néanmoins que nos rapports ne seraient plus jamais les mêmes. Je resterai à ses yeux celui qui avait participé à la vente de ses ancêtres…

Lorsque le lumineux écrivain guinéen Yambo Ouologuem publia *Le Devoir de violence*[1] en 1968, le couperet ne tarda pas à tomber. Dans cette fiction historique, à travers la geste des Saïfs régnant sur l'Empire Nakem, l'auteur rappelle comment l'esclavage de l'Afrique par les Arabes et la colonisation par les « notables africains » existaient déjà avant l'arrivée des Européens. La colonisation et l'esclavage n'étaient donc pas des « inventions » extérieures à l'Afrique, apparues sur le continent en même temps que le « visage pâle ».

Dès la préface de son livre, Ouologuem brise le tabou en des termes on ne peut plus clairs : « C'est le sort des nègres d'avoir été baptisés dans le supplice : par le colonialisme des notables

1. Yambo Ouologuem, *Le Devoir de violence*, Paris, Seuil, 1968. Réédition Le Serpent à plumes, 2003.

africains, puis par la conquête arabe. La promenade des nègres va de la fresque à la chronique (1202-1900), puis au romanesque contemporain et au drame souvent dérisoire des Fils de la Nuit. Les Blancs ont joué le jeu des notables africains… »

Enfin, dans *Le Sanglot de l'homme noir* d'autres questions sont abordées et ont été occultées par la polémique sur l'esclavage : immigration, identité, langue française, intolérance, etc.

Ma démarche a été, tout au long de ce livre, de rechercher ce qui pourrait redéfinir nos rapports, ce qui pourrait nous rapprocher et fonder le vivre-ensemble quelle que soit notre couleur. S'accepter tels que nous sommes et combattre les idées fallacieuses et rétrogrades qui pourraient nous éloigner les uns des autres. Le monde de demain, nous l'avons répété ici, est un monde d'échanges et de courtoisie. C'est dans cet esprit que j'ai organisé au Collège de France le colloque du 2 mai 2016, « Penser et écrire l'Afrique aujourd'hui », convoquant celles et ceux qui sont les artisans de la reconquête de notre humanisme. Et ces femmes et ces hommes, écrivains, historiens, économistes, sociologues, artistes, dramaturges, universitaires qui ont tous répondu à cette main tendue, œuvrent inlassablement pour que la vision de notre monde ne soit plus unilatérale, et vous leur avez accordé un accueil et une audience si extraordinaires qu'ils en sont à se demander s'il ne faudrait pas refaire une autre rencontre.

Qu'est-ce donc que cette date du 10 mai devenue en France une référence pour ceux que Johann Michel appelle « les descendants d'esclaves » dans son ouvrage justement intitulé *Devenir descendant d'esclave* paru aux Presses universitaires de Rennes en 2005 ?

Commémorer les abolitions de l'esclavage, dit cet auteur, c'est regarder de près la coexistence des régimes mémoriels antagoniques, en particulier à partir de la commémoration, en 1948, du centenaire de la seconde abolition de l'esclavage, avec la célébration de la République française, personnifiée dans la figure de Victor Schœlcher, en raison de son action émancipatrice envers les anciens esclaves. On exaltait alors l'assimilation avec la Métropole et on passait sous silence une partie de la réalité de l'esclavage et de ses abolitions. Une attitude caractérisée par une amnésie commandée, souligne l'auteur[1].

L'autre régime mémoriel qualifié de « nationaliste » s'enracine selon l'auteur dans un contexte international caractérisé par les décolonisations des années 1950 et 1960. Il est également marqué par la déception des populations ultramarines qui espéraient que le processus de départementalisation réduise les inégalités sociales. D'où l'émergence consécutive de mouvements autonomistes ou indépendantistes dans les Territoires d'outre-mer qui explique le processus de « nationalisation de la mémoire ».

Les célébrations du bicentenaire de l'abolition de l'esclavage, en 1998, voient revenir au premier plan le régime abolitionniste, sans pour autant que le régime nationaliste s'efface complètement. En effet, ce dernier fait l'objet d'une « opération de recadrage[2] » de la part de théoriciens de la créolisation. La commémoration des abolitions de l'esclavage en France ne devrait pas être une simple festivité dans laquelle le président de la République française paraderait ici et là, donnerait des poignées de main à quelques associations d'Afro-descendants. Mais Françoise Vergès nous le rappellera à coup sûr dans quelques minutes : commémorer les abolitions de l'esclavage, c'est ni plus ni moins reconnaître un crime contre l'humanité et rendre hommage à ses victimes…

J'espère une fois de plus que nous utiliserons nos expériences pour aller de l'avant et que nous nous attellerons à rassembler

1. Johann Michel, *Devenir descendant d'esclave*, Presses universitaires de Rennes, 2005, p. 40.
2. *Ibid.*, page 92.

ce qui nous unit pour que notre présent soit digne de ce que nos descendants attendent de nous : une France laboratoire des rencontres, une France responsable de son destin, une France qui repousse les injustices et ne rougit pas devant son passé qui reste à réécrire, non pas de cette manière unilatérale et révisionniste, mais de façon contradictoire, de sorte que ces victimes dont nous autres portons les stigmates de l'humiliation ne se sentent plus prisonnières depuis leur tombe d'une autre forme de captivité née de leur mémoire bafouée.

Je rêve donc d'une Afrique fière de son passé, soucieuse de son présent, de son avenir et de son devenir, seule condition pour une fierté de cette France noire que tout le monde voit, mais que les institutions n'intègrent jamais dans leur vocabulaire.

Oui, nous autres Africains avons droit à un Destin, et cela, personne ne nous l'arrachera.

Écrire

Penser l'Afrique à partir de sa littérature

par Lydie Moudileno

« Il n'est guère, à notre connaissance, d'œuvre littéraire de qualité inspirée par l'Afrique noire et écrite en langue française », déclarait A. B., alias Alexandre Biyidi, alias Mongo Beti, dans les pages de la revue *Présence Africaine* en 1955. Le jeune écrivain camerounais dressait ensuite un bilan particulièrement navrant de la scène intellectuelle du moment, dans lequel il répertoriait les différentes catégories des producteurs de discours sur l'Afrique :

« Il y a les journalistes, constamment curieux, constamment à l'affût d'un sujet neuf, et, lorsqu'ils l'ont trouvé, le traitent à l'épate... Il est difficile aux journalistes d'écrire des chefs-d'œuvre sur l'Afrique ;

Il y a aussi les intellectuels à la recherche d'une solution pour le monde futur et qui écrivent généralement des essais mi-politiques, mi-philosophiques, mi-littéraires... Disons tout de suite que nul ne s'attend à un chef-d'œuvre de cette catégorie d'écrivains ;

Il y a les industriels, les politiques, les économistes et autres spécialistes. Le mieux qu'on ait à faire ici est de n'en point parler...

Il y a les poètes, dont il est d'excellents [mais] l'on ne peut tenir pour chef-d'œuvre [...] une œuvre que personne ne lit ni ne connaît[1]. »

1. A. B., « Afrique noire, littérature rose », *Présence Africaine*, 1955, I-II, p. 133.

Autrement dit, qu'ils soient européens ou africains, très peu trouvent grâce aux yeux de Mongo Beti pour produire ces œuvres de qualité dont l'Afrique aurait tant besoin en ces décennies de décolonisation. Les seuls dont on pourrait attendre quelque chose, pour l'écrivain camerounais, seraient les romanciers. Mais ce sont justement, selon lui, ceux qui déçoivent le plus. Pourquoi ? Parce qu'en l'absence de public africain, celui qui écrit et publie en français sur l'Afrique est nécessairement soumis aux lois d'un marché principalement européen. Les romanciers par qui devrait venir le salut sont alors tous – ou presque – coupables d'une sorte de « trahison des clercs », dans la mesure où ils choisissent généralement de répondre aux attentes du pittoresque, plutôt que de pratiquer une littérature réaliste et engagée au service du seul sujet légitime de son temps : le fait colonial et la décolonisation.

Ainsi, pour Mongo Beti, l'Afrique noire n'est représentée au milieu du XXe siècle que par une sorte de sous-littérature, qu'il nomme « littérature rose » : « Afrique noire, littérature rose » est d'ailleurs le titre de la chronique dans laquelle il attaque, avec la verve qui restera sa marque de fabrique, ces « écrivains enfoncés dans le bourbier du pittoresque » producteurs d'une littérature voyeuriste permettant aux Européens de « coller un œil indiscret aux trous de la case », par opposition au roman réaliste dont le peuple a besoin. De toute façon, ajoute-t-il, « à quoi sert qu'un chef-d'œuvre soit écrit ou publié en 1955 s'il ne sera connu, lu par le public qu'en l'an 2000 ? ».

Mongo Beti, qui deviendra le grand romancier et intellectuel que l'on sait, était loin de se douter, en 1955, que le millénium apporterait une tout autre situation pour la littérature africaine. Que les années 1950 ouvriraient ce qu'on a appelé « l'ère du roman africain », et que les textes de Ferdinand Oyono, Ouologuem, Cheikh Hamidou Kane, Ousmane Sembène, Mongo Beti lui-même, sans oublier ce Camara Laye qu'il fustigeait dans sa chronique, s'imposeraient comme des classiques ; que les décennies suivantes, après les indépendances, continueraient d'enrichir ce qui constitue aujourd'hui le canon des lettres africaines francophones, avec les textes d'Ahmadou Kourouma, Henri Lopes, Tierno Monénembo, Sony Labou Tansi, Mariama Bâ, Ken Bugul et tant d'autres. Il était encore plus loin de se douter que des critiques de tous bords, européens, africains et américains (dont Bernard Mouralis et Claire Ducournau), débattraient la question « Qu'est-ce qu'un classique africain[1] ? » ; que l'on parlerait, avec Pierre Halen et Romuald Fonkoua, de « champs littéraires africains » ; que des thèses universitaires seraient consacrées à cette littérature ; que des chaires seraient octroyées à des professeurs spécialisés en la matière, en Afrique, en Amérique du Nord, en Asie, et en Europe, et même au Collège de France, à la littérature africaine.

Cela dit la question de Mongo Beti – à quoi sert un chef-d'œuvre ? – demeure pertinente, puisqu'elle renvoie à une préoccupation qui traverse les siècles et traditions culturelles : celle du pouvoir de la littérature. Il s'agira dans cet essai de relever les modalités de ce pouvoir dans le contexte particulier de l'Afrique et des fictions qui en ont radicalement renouvelé la représentation depuis le milieu du XXe siècle[2].

Pour commencer, la fiction africaine a largement contribué à la (re)construction d'une archive. Le philosophe congolais

1. Bernard Mouralis, « Qu'est-ce qu'un classique africain ? », in *Notre Librairie*, n° 160, décembre 2005, p. 34-39 ; Claire Ducourneau, « Qu'est-ce qu'un classique "africain" ? Les conditions d'accès à la reconnaissance des écrivain(e)s issu(e)s d'Afrique subsaharienne francophone depuis 1960 », in *Actes de la Recherche en Sciences Sociales*, n° 206-207, Seuil, 2015, p. 34-39 ; J. Riesz, « À propos des "classiques africains". Quels modèles pour un canon des littératures africaines ? », in *Études Littéraires africaines*, n° 32, 2011, p. 147-156.

2. Si la majorité de mes remarques peuvent s'appliquer à la littérature en général, dont le théâtre et la poésie, il sera principalement question ici du genre dominant, à savoir le roman.

Valentin Mudimbe, auteur de deux essais déterminants, *The Invention of Africa* (1988) et *The Idea of Africa* (1994), a parlé de « bibliothèque coloniale » pour désigner l'ensemble des savoirs qui ont contribué à une « invention de l'Afrique »[1]. Cette archive correspondrait au « répertoire » orientaliste d'Edward Saïd. Alain Mabanckou en a largement rendu compte lors de sa leçon inaugurale au Collège de France, le 17 mars 2016.[2]

Concernant la littérature africaine, il faudrait dans un premier temps parler d'une contre-archive, en rappelant que le « contre » a été une des modalités essentielles des écritures post-coloniales. Un des premiers ouvrages de théorie littéraire venus des anciennes colonies, *The Empire Writes Back*, avait précisément choisi pour titre un jeu de mots de Salman Rushdie (inspiré de l'épisode « The Empire strikes back / L'Empire contre-attaque » de *La Guerre des étoiles*)[3]. J'ignore s'il en existe une version en français, mais on pourrait traduire ce titre par « L'Empire contre-écrit », ou encore, « L'Empire riposte par l'écriture »[4]. Comme le formule le critique János Riesz, l'élaboration de nouvelles représentations littéraires de l'Afrique constitue un « processus de positionnement et d'émancipation face à [la] vaste bibliothèque coloniale[5] ». Effectivement, et pour le dire autrement, une des urgences de la littérature africaine a été de régler ses comptes avec la bibliothèque coloniale.[6]

1. V. Y. Mudimbe, *The Invention of Africa*, Bloomington, Indiana University Press, 1988 ; *The Idea of Africa*, Bloomington, Indiana University Press, 1994.

2. Alain Mabanckou, *Lettres noires : Des ténèbres à la lumière*, « Leçons inaugurales du Collège France », Paris, Fayard, 2016.

3. Bill Ashcroft, Gareth Griffiths et Helen Tiffin, *The Empire Writes Back. Theory and Practice in Post-Colonial Literatures*, Londres et New York, Routledge, 1989.

4. « L'Empire vous répond. Théorie et pratiques des littératures post-coloniales », trad. Jean-Yves Serra, Martine Mathieu Job, Bordeaux, Presses universitaires de Bordeaux, « Sémaphores », 2012.

5. János Riesz, *De la littérature coloniale à la littérature africaine*, Paris, Karthala, 2007.

6. Anthony Mangeon, *La Pensée noire et l'Occident*, Cabris, Sulliver, 2016.

C'est bien cette riposte littéraire que l'on entend encore dans le titre et le projet du récent *Meursault, contre-enquête* de Kamel Daoud (Actes Sud, 2013). Aujourd'hui encore il s'agit de travailler, sur le mode du contrepoint, à la constitution d'une bibliothèque postcoloniale, qui viendrait piétiner les plate-bandes du canon français afin de restituer d'autres vérités. Le pouvoir de la littérature aura été depuis les premiers textes du XXe siècle de montrer un autre versant, celui d'une Afrique qui pense et qui se pense. Par ailleurs, au-delà du simple contrepoint, quantité d'auteurs se sont investis dans des projets littéraires liés à la question fondamentale de la mémoire. Je pense encore à Mongo Beti (*Remember Ruben*), mais aussi, au fil des décennies, aux textes de Tchicaya U Tam'si (*Les Phalènes*), de Boubacar Boris Diop (*Les Tambours de la mémoire*), de Bessora sur Sara (Saartjie) Baartman, dite Vénus hottentote (*53 cm*), de Tierno Monénembo sur les tirailleurs (*Le Terroriste noir*), et tant d'autres.

Penser l'Afrique sera pour beaucoup tenter de mettre en mots les désastres africains. Le projet « Écrire par devoir de mémoire, Rwanda, 1998 » de Nocky Djedanoum est exemplaire en ce sens, puisque, quatre ans après le génocide, il se donnait comme un véritable défi d'écriture à un moment où, précisément, la fiction semblait la dernière chose à faire. Comment dire le traumatisme, le chaos, les impasses ? Là encore, la question est universelle. De Boubacar Boris Diop à Abdourahman Waberi, ou Véronique Tadjo, ils ont relevé le défi d'y répondre, au Rwanda. Ces écrivains face à la violence des hommes ne sont pas les premiers, ni les derniers. Avant eux, il y avait eu la dénonciation des dictatures : Dans *Le Blanc de l'Algérie*, par exemple, Assia Djebar rappelait ce passage de Samuel Beckett de *L'Innommable* pour expliquer son rapport à l'écriture : « [...] ce sera moi, il faut continuer, je ne peux pas continuer, je vais donc continuer, il faut dire des mots, tant qu'il y en a, il faut les dire, [...] ils m'ont peut-être déjà dit, ils m'ont peut-être porté jusqu'au seuil de mon histoire, devant la porte qui s'ouvre sur mon histoire, [...] il faut continuer, je ne peux pas continuer, je vais continuer ».

Comme dans d'autres contextes mondiaux, la littérature s'est largement donné pour tâche, en Afrique, l'exposition des saccages de la postcolonie. Mais c'est aussi la fiction qui permet d'imaginer des résistances aux dictatures en faisant entendre des voix impossibles à réduire au silence, comme autant de rebelles difficiles à tuer. Renonçant à la tentation d'un afropessimisme absolu, ces littératures revendiquent alors un pouvoir infime et cependant précieux : celui de contre-effectuer les calamités, et de disqualifier, au nom de l'humain, les « états honteux » de l'Afrique, tel un Sony Labou Tansi qui ouvrait son premier roman *La Vie et demie* à la fin des années 1970 avec cet avertissement au lecteur : « Le jour où me sera donnée l'occasion de parler d'un quelconque aujourd'hui, je ne passerai pas par mille chemins, en tout cas pas par un chemin aussi tortueux que la fable[1]. »

Le « chemin tortueux de la fable » s'annonce très certainement comme le contraire de la littérature rose divertissante et linéaire que dénonçait Beti. Encore une fois, comme dans le roman anticolonial, la tâche est d'exposer le réel dans ce qu'il a de plus cauchemardesque. Qu'il s'agisse de guerre civile, de génocide ou de dictature, représenter l'Afrique implique souvent pour les écrivains la nécessité de s'engager par la production de fictions qui, à l'instar de leurs personnages, refusent de capituler devant la violence.

La mise en scène de personnages complexes concerne une autre immense fonction de la littérature africaine, à savoir le renouvellement de la représentation de l'espace. Je renvoie ici à la distinction qu'effectue de Certeau entre « lieu » et « espace », le récit ayant pour fonction de rendre le lieu « pratiqué » : « L'espace serait au lieu ce que devient le mot quand il est parlé », écrit le philosophe[2]. La fiction aurait aussi ce rôle, en mettant en récit le quotidien, en l'esthétisant donc, de réaliser la transformation

1. Sony Labou Tansi, *La Vie et demie*, Paris, Seuil, 1979.
2. Michel de Certeau, *L'Invention du quotidien*, Paris, Gallimard, 1990, p. 173.

du lieu en espace, donnant à voir des univers historicisés et non pas hors du temps, comme on l'a dit et pensé de Hegel à Nicolas Sarkozy. Ainsi la littérature africaine affirme-t-elle des quotidiens incarnés, grâce à des personnages dotés de parole, de mobilité, d'emplois du temps, de vices et de vertus, de certitudes et de dilemmes, de raisons et d'émotions, de capacités ludiques aussi.

Les exemples en sont nombreux : des textes de Massa Makan Diabaté, à ceux d'Aminata Sow Fall, ou, plus près de nous, ceux de Daniel Biyaoula, Florent Couao-Zotti, Kossi Efoui, Patrice Nganang, Alain Mabanckou ou Fiston Mwanza Mujila, d'innombrables fictions travaillent à l'élaboration d'espaces – souvent urbains – animés de la créativité des hommes. En cela, parce qu'elle le remplit de sens, la fiction des Afriques rend le continent habité et habitable.

On notera que ce n'est pas le privilège des genres dits hauts, et que les domaines populaires ont largement contribué à la représentation d'une quotidienneté de l'Afrique et de sa diaspora. Par exemple, venant du Gabon, du Sénégal, du Congo, de France, du Mali, une profusion de polars africains a donné une épaisseur particulière aux marges, au frivole, aux dessous des métropoles postcoloniales, tout en travaillant le vernaculaire. On pense ici, notamment dans les années 1990, à Achille Ngoye, Abasse Ndione, Bolya, Moussa Konaté. Simon Njami en avait été le grand pionnier dans les années 1980 avec son *Cercueil et Cie* inspiré de Chester Himes[1].

Il faudrait aussi, histoire de revendiquer une littérature tout à fait rose pour l'Afrique noire, parler du succès de romans Harlequin à l'africaine, et de la collection de romans sentimentaux « Adoras » de Côte d'Ivoire, qui se vendait comme des petits pains dans les années 1990. Mais ceci est une autre histoire[2].

1. Voir Pim Higginson, *The Noir Atlantic : Chester Himes and the Birth of the Francophone African Crime Novel*, Liverpool University Press, 2011.

2. Voir Lydie Moudileno, « L'invention du romantique : La littérature rose révolutionne l'édition africaine », in *Africultures*, n° 63, 2005, p. 37-42.

En revanche, il est difficile de parler de littérature africaine sans aborder la question de son public. Il y a un demi-siècle, elle dominait le premier Congrès des écrivains et artistes noirs organisé à la Sorbonne en 1956 où les plus illustres penseurs du monde noir, dont les francophones Alioune Diop, Cheikh Anta Diop, Léopold Sedar Senghor, Amadou Hampâté Bâ, Frantz Fanon, Aimé Césaire, Jacques Stephen Alexis, et Jacques Rabemananjara, débattaient ensemble de l'engagement des intellectuels panafricains : Quelle est la mission de l'écrivain africain ? Pour qui écrit-on ? Sur quels sujets doit-on écrire ? En quels termes, voire en quelle langue ? Si certaines de ces questions sont devenues obsolètes au fur et à mesure que l'urgence politique diminuait et que la liberté individuelle des écrivains et artistes s'affirmait, d'autres demeurent pertinentes aujourd'hui. On continue à se demander, par exemple, dans quelle mesure les Africains lisent ces romans écrits en français et qui prennent l'Afrique pour sujet. Ou encore, à signaler l'anomalie qui veut que la littérature africaine la plus canonique et la plus visible soit publiée à Paris.

Le fossé est effectivement large entre d'un côté le circuit éditorial et le lectorat français, dominant, et de l'autre des productions et un lectorat africain, considérablement restreint. La question de ces disparités nécessite la prise en compte de contextes socio-économiques précis qui dépasse notre sujet ici.

En revanche, puisque c'est du pouvoir de la littérature qu'il est question, je voudrais mentionner un public particulier qui brise la polarité entre lectorat africain et lectorat « occidental ». En effet il existe aujourd'hui des lecteurs de la diaspora, comme on dirait « auteurs de la diaspora ». Pour les afrodescendants, les afropolitains, les afropéens, la littérature intervient aux côtés d'autres pratiques et disciplines pour aider à penser l'Afrique en tant qu'origine. Je pense en particulier à ceux que je nommerais ici les « rejetons de l'Empire » : ceux que l'histoire coloniale et postcoloniale a produits, racialisés et lâchés dans des mondes où ils sont qu'ils le veuillent ou non sommés de composer avec l'origine africaine ; ces « Noirs de France » dont l'identité est constamment déclinée racialement ; ces générations de Métis – mais pas seulement – des métropoles et des villages d'Europe qui n'ont jamais mis les pieds sur le continent et dont le lien avec le pays de certains de leurs ancêtres s'est perdu pour une raison ou une autre. Lorsqu'ils se mettent en tête de devenir « Chercheurs d'Afriques », pour reprendre le titre du roman d'Henri Lopes, la lecture réouvre alors, par l'imaginaire, un accès au continent compromis par les vicissitudes de l'Histoire, de la famille, de l'amour, des migrations et autres cheminements. Thème récurrent de toutes les littératures, la quête identitaire se mène aussi par la lecture, et le contexte africain ne fait pas exception.

Ce n'est pas seulement que la fiction permet d'imaginer le lieu, c'est véritablement qu'elle *tient lieu* d'origine, qu'elle ravive la filiation, retissant dans les textes des liens géographiques, culturels et affectifs inexistants dans le réel. La littérature aurait même ce pouvoir de tenir lieu de retour, à défaut de retours réels. À ce propos, il faut souligner ici l'importance d'une riche production de littérature de jeunesse publiée en Afrique et en Europe, qui est souvent absente de nos discussions. Or, son rôle est crucial pour la manière dont elle re-présente l'Afrique et les Africains à différentes générations, y compris celles de la diaspora. Kidi Bebey en sait quelque chose.

Dans *Pourquoi la fiction ?*, Jean-Marie Schaeffer l'explique avec éloquence : « La fiction nous donne la possibilité de continuer à enrichir, à remodeler, à réadapter tout au long de notre existence le socle cognitif et affectif originaire grâce auquel nous avons accédé à notre identité personnelle et à notre être-au-monde. La fiction, par son existence même, témoigne du fait que notre vie durant nous restons redevables d'une relation au monde. Mais elle fait plus que témoigner de ce fait : elle est un des lieux privilégiés où cette relation ne cesse d'être renégociée, réparée, réadaptée, rééquilibrée – dans un bricolage mental permanent auquel seule notre mort mettra un terme [1]. »

1. Jean-Marie Schaeffer, *Pourquoi la fiction ?*, Paris, Seuil, 1999, p. 347.

C'est bien, au-delà de l'Afrique, d'une infinité de relations au monde qu'il s'agit. Ces fictions africaines dans lesquelles se joue la formation des sujets, on les dirait alors, avec le philosophe Édouard Glissant, littératures de la Relation, en ce qu'elles déploient la triple hélice du « relier-relayer-relater », tout en rendant possibles, par l'imaginaire, de nouveaux modes d'appartenance au monde. Si Samba Diallo, le protagoniste de *L'Aventure ambiguë* de Cheikh Hamidou Kane (1961), reste pour certains d'entre nous inoubliable, c'est parce que ses tiraillements existentiels résonnent encore pour beaucoup, et au-delà du roman, dans les aventures ambiguës de notre XXIe siècle. On se rappelle la question de Mongo Beti : « À quoi sert qu'un chef-d'œuvre soit écrit ou publié en 1955 s'il ne sera connu, lu par le public qu'en l'an 2000 ? » Au XXIe siècle, pour les lectrices et les lecteurs de la diaspora, le chef-d'œuvre réaffirme sa valeur paradigmatique et son actualité.

Il faut, pour conclure, mentionner le relais assuré par les critiques, dont le travail de défrichage, de légitimation et de visibilité des littératures africaines traverse toute l'histoire du champ. Car la littérature n'est pas le fait des seuls écrivains. Je parlais plus haut des lecteurs, reste à rendre justice à la théorie littéraire. On a souvent l'impression, lorsqu'ils apparaissent comme personnages au détour de la fiction, ou à ce qu'en disent les auteurs dans des entretiens, que les critiques œuvrent à des lectures au mieux stériles, au pire complètement déplacées des textes africains. On les voit souvent, en effet, sous les traits de commentateurs bornés déterminés à étiqueter les artistes, à catégoriser les identités, à forcer les expériences singulières dans des orthodoxies, bref, à contrôler le sens de manière policière. Certes, il en existe dans ce champ comme dans d'autres. Mais je voudrais opposer à ces caricatures le portrait plus généreux de spécialistes impliqués dans la démarche commune de penser l'Afrique et de chercher à voir là où, et comment l'Afrique pense. L'universitaire, les critiques littéraires, les professeurs, les journalistes ne travaillent pas uniquement – du moins *a priori* – à un dévoilement autoritaire de l'Afrique et des Africains au monde dans lequel il s'agirait juste de venir « coller l'œil au trou de la case ». Dans l'idéal, le travail véritablement critique dont nous avons besoin contribue à créer du sens avec les textes et non pas forcément contre eux, c'est-à-dire de les ouvrir à une pluralité de sens possibles. En cela, auteurs, lecteurs et critiques participent ensemble à un véritable *entendement* de l'Afrique d'hier, d'aujourd'hui et de demain.

Aux siècles passés, la littérature dite coloniale se chargeait de traduire l'Afrique en images et en récits, redoublant le travail de l'école, de la presse, des musées, des expositions et autres destinées à élucider ou au contraire opacifier le continent noir auprès du public européen. S'il est clair que la littérature a participé pleinement à cette « invention de l'Afrique » théorisée par Mudimbe, il est tout aussi évident aujourd'hui que d'autres types de représentations littéraires, (prises en charge par des auteurs africains, mais pas uniquement) ont œuvré à défaire les clichés et à faire entrevoir dans une variété de textes la considérable complexité du lieu, des hommes et femmes qui l'habitent et des histoires qu'ils fabriquent.

Si l'Afrique demeure « fantôme » pour certains, les nouvelles écritures et lectures de l'Afrique ont transformé les modalités de sa présence dans les imaginaires. Qu'ils soient produits en France, en Europe, au Sénégal, au Mali, au Congo, au Cameroun, en Afrique du Sud, en Amérique ou aux Antilles, quantité de romans, poèmes, pièces de théâtre, contes, nouvelles, autobiographies et autres permettent aujourd'hui de penser différemment, et sérieusement l'Afrique à partir de sa littérature. Incontestablement plurielle, elle n'a cessé de contribuer avec les autres arts à la production de savoirs sur l'Afrique. Dans la diversité de ses productions, de ses sujets et de ses auteurs, il est indéniable que la littérature africaine et ceux qui s'en préoccupent ont répondu de manière spectaculaire, positive et prometteuse à la question, s'il était besoin de se la poser : « L'Afrique pense-t-elle ? »

« Les enfants de la postcolonie »
précédé d'une note liminaire
par Abdourahman Waberi

Note liminaire

Aujourd'hui, il m'arrive de penser que mon article « Les enfants de la postcolonie » est né sous une bonne étoile. Fruit d'une longue observation entamée au début des années 1990, il a vu le jour, on ne peut plus modestement, en 1998, dans la revue *Notre Librairie*, aujourd'hui défunte. Devenu introuvable ou presque, il n'a pourtant cessé de susciter remarques et commentaires depuis sa parution. Il me plaît de remercier Alain Mabanckou, mon ami, collègue et complice d'aventures éditoriales, qui m'offre l'occasion de donner un coup de plumeau à ces « enfants de la postcolonie » dont il fait du reste partie.

De nombreux critiques l'ont pris pour le signal d'une nouvelle distribution dans le champ des littératures francophones d'Afrique. D'autres l'ont analysé, à la suite de Lydie Moudileno, pour en souligner les points forts et en déplorer les faiblesses.

Sortir des griffes de « l'État honteux »

En 1998, il s'agissait pour moi de dresser un constat qui attirerait l'attention des critiques universitaires (dont je n'étais pas) qui prendraient la peine de se pencher sur ce nouveau paysage et nous offriraient les résultats de leur recherche. La première ébauche avait, si je m'en souviens bien, la forme d'un exposé oral délivré à l'Institut néerlandais de Paris en 1997 lors d'une table ronde animée par le journaliste et critique Bernard Magnier et en compagnie de deux autres compères évoluant, comme moi, dans la galaxie de ceux qu'on appelait encore assez lourdement et exclusivement *écrivains francophones* : le dramaturge ivoirien de Paris Koffi Kwahulé, et le romancier marocain installé à Amsterdam, Fouad Laroui. Quelques mois plus tard, l'article sollicité par le rédacteur de *Notre Librairie*, Dominique Mondoloni, verra le jour dans ladite revue, en tête de sommaire.

Que mon modeste article continue de faire l'objet de houleuses discussions en Afrique, en France et en Amérique, de citations récurrentes, d'analyses fouillées et de chapitres de thèse reste encore une surprise. Après avoir donné du temps au temps, j'ai repris le questionnement où je l'avais laissé et prolongé ma réflexion dans le cadre – étriqué et frustrant – d'une thèse de doctorat que j'ai soutenue en 2012 à Paris Ouest-Nanterre La Défense sous la direction amicale et attentive de Jean-Marc Moura.

Si l'article attire tant les doctorants c'est qu'il touche du doigt quelque chose de nouveau, d'informe et de mouvant à la fois. Ce quelque chose de neuf, cet horizon qui pointait son museau a été nommé et décrit de différentes manières selon que l'on chausse des lunettes historiques, anthropologiques, poétiques ou géopolitiques. Achille Mbembe est de ceux qui dans les années 2000 ont contribué à nourrir ce débat. La perspective esthétique et historique que j'ai adoptée dans ma thèse rejoint les préoccupations de l'auteur de *Critique de la raison nègre* décryptant cet assemblage de cultures et de pratiques discontinu et dynamique qu'il a qualifié d'« afropolitain » en écho sans doute aux intuitions pénétrantes des *dériveurs* caribéens Édouard Glissant et Paul Gilroy.

En 1997, je me bornais donc à cartographier l'habitacle d'une nouvelle génération d'écrivains africains de langue française, porteurs d'un imaginaire social nouveau et assumant leur esprit du large. Cette disposition, pour être présente chez les plus audacieux des écrivains et artistes francophones vivant dès les années 1970 à Paris – le romancier, journaliste et scénariste haïtien Jean-Claude Charles est incontestablement un chef de file en l'espèce[1] –, ne donnait pas l'impression d'être à l'ordre du jour chez les Africains. Pour ces derniers, leur imaginaire était dominé par l'ombre portée du pays quitté, les débats tournant autour du thème de l'engagement politique et son corollaire : la dénonciation de l'« État honteux », pour reprendre le titre du roman de Sony Labou Tansi…

Quiétude linguistique ?

Si pour les auteurs apparus dans la mouvance des enfants de la postcolonie, la question récurrente, pour ne pas dire obsédante, de la langue d'écriture ne semble guère constituer un tabou, ils continuent d'apporter cependant leur contribution toujours ouverte et jamais définitive à cette question au détour d'articles, d'entretiens, voire d'essais. Récemment, cette question est revenue de manière souterraine dans l'espace français et francophone avec la sortie du pamphlet *Pour une littérature-monde*[2] (Gallimard, 2007) que Michel Lebris, Alain Mabanckou, Jean Rouaud et votre serviteur ont porté de bout en bout. Dans l'espace francophone d'Afrique nombreux sont les auteurs communiant et créant dans la *bilangue* pour utiliser la formule heureuse du regretté Abdelkébir Khatibi, autrement dit écrivant dans deux langues à la fois. Ainsi Jean-Luc Raharimanana usant du français et du malagasy ou plus ouvertement Boubacar Boris Diop passant

1. Né en 1949 à Port-au-Prince, Jean-Claude Charles a théorisé l'enracinerrance dans ses magnifiques romans publiés à Paris et brassant le monde (*Manhattan Blues* [1985] ; *Ferdinand je suis à Paris* [1987] chez Bernard Barrault). Il est décédé en 2008 à Paris.

2. Michel Le Bris et Jean Rouaud (dir.), *Pour une littérature-monde*, Paris, Gallimard, 2007.

du français au wolof et vice versa. Chez ce dernier, le défi linguistique demeure au cœur de son geste artistique. Progressivement le retour au wolof s'est opéré pour éclater au grand jour après un détour par le Rwanda postgénocidaire. Désormais traducteur et éditeur du wolof, le romancier Diop a apporté ces dernières années la meilleure des contributions à la circulation des œuvres entre l'espace français et francophone et l'aire culturelle propre au wolof. En joignant le geste à la parole, il vient de mettre sur pied, avec d'inestimables complices, le précieux label éditorial Céytu[1].

Une doxa, hier en cours à Paris, voulait que le romancier francophone des Afriques (comme son homologue caribéen, iranien ou philippin ?) se borne à reproduire sciemment ou inconsciemment la représentation du monde propre aux siens. Perché sur les ruines amoncelées par l'esclavage et la colonisation, il scruterait encore et toujours l'horizon des misères, des dictatures, des violences et autres violations des droits de l'homme perpétrées par ses frères sur leurs propres frères. Rien n'est plus faux mais avançons.

Les enfants de la postcolonie ont pris de l'âge et du ventre. Ils sont déjà bousculés par leurs jeunes frères et leurs jeunes sœurs, tout aussi audacieux et talentueux. Il me plaît de citer ici le nom de Felwine Sarr (Sénégal), d'Edem Awumey (Togo / Canada), de Fiston Mwanza Mujila (RDC / Autriche) ou de Hemley Boum (Cameroun / France) pour n'évoquer que quelques auteurs. Et c'est très bien ainsi.

Milan, 12-14 juillet 2016

1. Céytu est un projet tripartite – France, Québec, Sénégal – né de la collaboration entre l'écrivain sénégalais Boubacar Boris Diop, Laure Leroy, directrice des éditions Zulma sises à Paris, et Rodney Saint-Éloi, directeur des éditions Mémoire d'encrier à Montréal (http://www.ceytu.fr/page-contact.html, consulté le 12 juillet 2016).

Les enfants de la postcolonie

Les littératures francophones africaines sont, on le sait, vieilles d'un siècle à peine et certains de ses pionniers sont encore vivants et même en activité, à l'instar d'un Bernard Dadié. Quatre fois deux décennies ce n'est pas un temps trop long à parcourir, à revisiter. L'historien pourra commodément découper ce temps en quatre périodes ou générations qui s'échelonnent de la décennie 1910 à la décennie 1990. Nous passerons rapidement sur les trois précédentes générations, à savoir celle des pionniers (1910-1930), celle des tenants de la négritude (1930-1960), celle de la décolonisation et du désenchantement postcolonial (à partir des années 1970) et, enfin, nous nous intéresserons à la quatrième génération, celle que nous allons appeler les enfants de la postcolonie (qui s'est signalée, surtout, à partir des années 1990).

Bien sûr, ces délimitations ne sont qu'indicatives ; il est tout à fait normal qu'un écrivain ou un groupe d'écrivains se retrouvent dans deux générations successives, c'est particulièrement vrai pour les créateurs qui font preuve d'une longévité certaine à l'instar d'un Tchicaya U Tam'si qu'on pourrait retrouver tout au long de deux, voire trois générations. Mais d'abord qu'est-ce qu'une génération ? Recourons à l'approche de l'historien.

Selon Catherine Coquery-Vidrovitch, une génération « c'est le temps de la conjoncture… temps essentiel pour les gens qui la vivent mais ridiculement court à l'aune du temps long, [c'est-à-dire] temps séculaire de la gestation de la pensée, des États, des cultures […] ».

Finalement, des signes récents et concordants nous ont convaincus d'en tracer les contours. Les avis contradictoires seront les bienvenus puisque ce débat est à peine ouvert.

Les pionniers : premières voies natives et chantres de l'œuvre coloniale

Les littératures francophones d'Afrique noire ou du Maghreb, contrairement à leurs grandes sœurs de Belgique, de Suisse romande ou du Québec, sont filles de la colonisation. Elles sont le fruit direct des efforts de la scolarisation entreprise sur le terrain. Les colonisateurs, bien entendu, ne cherchaient pas à produire des écrivains qui viendraient un jour leur dire leurs quatre vérités mais des demi-lettrés pour qui ils réservaient les emplois subalternes dans l'administration. De cette situation paradoxale est sortie la première génération d'écrivains. Nul ne les attendait là. Le paradoxe, l'équivoque et le malentendu sont liés aux littératures postcoloniales et ce depuis les origines. Les premières œuvres produites par des pionniers qui ont pour nom Massyla Diop, Félix Couchoro, Ousmane Socé, etc., firent leur apparition quelque cinquante ou soixante années après les premières installations coloniales effectives. L'ancienneté du réseau scolaire, l'activisme des missions et la densité de la population indigène seront des facteurs importants pour l'émergence de la première génération d'écrivains africains de langue étrangère. Le Sénégal, le Dahomey ou le Congo-Brazzaville s'illustrent davantage que le Niger, l'Oubangui-Chari ou Djibouti, moins riches et moins intéressants du point de vue colonial. La date de publication du récit du Sénégalais Massyla Diop marque les débuts de l'histoire de la littérature africaine francophone, nous apprend le critique, écrivain et universitaire zaïrois Pius Ngandu Nkashama dans son anthologie *Les Années littéraires en Afrique 1912-1987* (L'Harmattan, Paris, 1993).

Si ce premier texte, intitulé *Le Réprouvé*, pouvait être considéré comme un événement isolé, la décennie 1920 révélera un groupe d'écrivains africains francophones publiant déjà à Paris. À titre de comparaison, il existe déjà une première littérature en langue africaine ailleurs sur le continent notamment au Ghana ou Gold Coast et surtout en Afrique orientale et australe.

Les apôtres de la négritude et les pères de la nation

La deuxième génération, la plus glorieuse des quatre sans doute, viendra aussi de Paris. Des jeunes étudiants arrivés en France à partir des années 1930 lanceront leurs premiers cris à travers des revues éphémères animées notamment par leurs « frères de race » antillais. Alioune Diop (né en 1910 et mort en 1980) fondera à Paris (toujours Paris) la revue *Présence Africaine* en 1947 et, un peu plus tard, les éditions du même nom.

Toute l'intelligentsia noire de l'époque, d'Aimé Césaire à Hampâté Bâ, de Frantz Fanon à Édouard Glissant en passant par Richard Wright et Jacques Rabemananjara, se retrouve dans les locaux de la rue des Écoles. C'est l'âge d'or de la littérature africaine (le singulier était de rigueur et l'unité politique à l'horizon, comme le prophétisait l'historien sénégalais Cheikh Anta Diop).

Deux grands congrès se tinrent à Paris et à Rome. Le parrainage des intellectuels français, de Sartre à Gide et de Leiris à Monod, tout réflexe paternaliste qu'il fût, leur avait ouvert les portes de la Sorbonne et du Paris éditorial. Les grands noms classiques de cette littérature sont tous liés à cette période, assez connue du grand public. C'est pourquoi nous avons choisi de ne pas nous étendre sur ce sujet. Les littérateurs de cette génération s'engageront aussi dans la politique. Ils occuperont, pour un certain nombre d'entre eux, les plus hautes fonctions dans leurs pays : président de la République sénégalaise pour Léopold Sédar Senghor (1960-1981), furtif Premier ministre pour Jacques Rabemananjara sans parler des ministres et autres ambassadeurs.

La troisième génération ou comment les « soleils des indépendances » ne brillent pas pour tout le monde

Pour les historiens des littératures francophones africaines (le pluriel est à présent de rigueur), deux romans signalent le début de cette troisième période qui dure encore par certains aspects. Il s'agit des *Soleils des indépendances* de l'Ivoirien Ahmadou Kourouma (Presses de l'université de Montréal, 1968, Seuil, 1970) et *Le Devoir de violence* du Malien Yambo Ouologuem (prix Renaudot 1968). Le trait le plus saillant de cette nouvelle génération c'est, d'une part, la rupture avec la négritude (exaltation du passé africain, célébration d'une essence nègre, commerce intellectuel et sentimental avec les Noirs des Amériques, etc.) et, d'autre part, la dénonciation des régimes autoritaires issus de la décolonisation. Comme pour la génération précédente, le grand public, africain et aussi étranger, connaît les noms de certains acteurs de cette génération. Si le romancier et poète congolais Tchicaya U Tam'si fait aussi partie de l'autre génération, aux côtés sans doute du Camerounais Mongo Beti et de quelques écrivains transgénérationnels, les écrivains du désenchantement comme on les appelle ont pour nom Sony Labou Tansi (apparu en 1979), Williams Sassine (apparu en 1973), Tierno Monénembo (apparu en 1979), Henri Lopes, Sylvain Bemba ou Ibrahima Ly. La plupart des écrivains cités viennent de mourir dans la fleur de l'âge.

Cette génération a aussi une autre caractéristique : la révélation d'une écriture féminine avec Mariama Bâ, Aminata Sow Fall, Véronique Tadjo, Ken Bugul et les autres. Les comptables des dictatures ont eu le mérite d'allier engagement et esthétique. Certains, soucieux de modernité ou attentifs aux soubresauts du monde ou, encore, nomades par tempérament, comme Tchicaya U Tam'si ou Tierno Monénembo, sortiront des thèmes imposés qui firent la fortune des générations précédentes.

Les enfants de la postcolonie ou une génération transcontinentale

C'est toujours une gageure que de prétendre définir un phénomène générationnel et une école littéraire. À défaut d'avoir la science infuse, nous nous contentons de relever quelques traits communs à une vingtaine d'écrivains africains vivant pour la plupart en France. Est-ce suffisant pour parler d'une véritable génération ? Il est difficile d'être catégorique, mais nous inclinons à penser qu'il y a là quelque chose de nouveau et susceptible d'attirer l'œil du critique. Pour le reste, le débat ne fait que commencer.

I) Les enfants de la postcolonie sont, presque tous, nés après l'année fatidique des décolonisations africaines : 1960, d'où ce surnom, réducteur comme toute étiquette. Il reste néanmoins vrai que des artistes nés juste avant 1960, nous pensons notamment au poète mauricien Khal Torabully, au dramaturge ivoirien Koffi Kwahulé et à quelques autres, peuvent nourrir les mêmes préoccupations que leurs collègues un peu plus jeunes.

II) Les enfants de la postcolonie sont, à notre connaissance, les premiers à user sans complexe du double passeport, à jouer sur deux, trois ou quatre tableaux, à se considérer comme africains et à vouloir en même temps dépasser cette appartenance. Pour forcer un peu sur le trait, on pourrait dire qu'avant on se voulait d'abord nègre et qu'aujourd'hui on se voudrait d'abord écrivain et accessoirement nègre. C'est là un changement de point de vue appréciable. Le dramaturge et romancier togolais Kossi Efoui est, nous semble-t-il, l'un de ceux qui sont allés le plus loin dans cette direction. Son interrogation, angoissée et polémique, de l'idée même, sinon de l'existence, d'un théâtre africain est saine à plus d'un titre. Il récuse le discours culturaliste, essentialiste de certains créateurs ou critiques qui continuent de mettre en avant des valeurs culturelles pour apprécier ou juger de la qualité d'une œuvre singulière. En réponse, il s'écrie avec Frantz Fanon : « Ma couleur n'est pas dépositaire de valeurs essentielles. » Par provocation, on pourrait les appeler (pour certains d'entre eux) les « Franco-quelque chose » – les « pas tout à fait », écrivait Bharati Mukherjee, l'écrivaine et universitaire américaine d'origine bengalie, à propos des écrivains anglophones en grande forme de l'autre côté de la Manche. Franco-camerounaise se dit ainsi Calixthe Beyala, appartenance que n'aurait osé avouer ou revendiquer, il y a à peine quelques années, certains de ses collègues africains jouissant également de la nationalité française. Débarrassés des schémas idéologiques de leurs prédécesseurs dont la ferveur tiers-mondiste n'avait d'égale que la foi sans faille en une littérature d'engagement et d'éducation des masses comme chez Ousmane Sembène ou chez son vis-à-vis anglophone Ngugi wa Thiong'o, écœurés par les errements politiques en cours dans leurs pays d'origine quand ce n'est pas carrément l'implosion de l'État-nation comme récemment au Congo d'Emmanuel B. Dongala, séduits et tentés peut-être par les succès des écrivains de la World Fiction à l'instar de Ben Okri, Salman Rushdie ou de leurs pendants francophones que sont Tahar Ben Jelloun, Amin Maalouf, Patrick Chamoiseau, tous récipiendaires du fameux prix Goncourt, ils se considèrent, peut-être, eux aussi, comme « ces bâtards internationaux nés dans un endroit et qui décident de vivre dans un autre », *dixit* Salman Rushdie.

Ces nouvelles générations ne se contentent plus d'écouter sagement les grands maîtres, de quelque école qu'ils soient. À cet égard, on notera combien le thème du retour au pays natal a pratiquement disparu du paysage romanesque africain, c'est le thème contraire (l'arrivée de l'Africain en France) qui fait fureur chez les jeunes écrivains et, dans une moindre mesure, chez les moins jeunes. À se demander si le sentiment de culpabilité entretenu par les générations précédentes n'aurait pas disparu.

Le titre du premier roman du jeune poète congolais Alain Mabanckou, *Bleu Blanc Rouge* (Présence Africaine, 1998), est emblématique de cette tendance. Comme d'autres avant lui, Massala-Massala, le jeune héros de ce roman, rêve de réussir à Paris, la capitale de toutes les consécrations. En fait, ce n'est pas l'évocation de la France qui est absente des romans africains, c'est plutôt le roman de l'émigration africaine en terre de France qui a tardé.

III) Leur parcours individuel – ils sont presque tous arrivés en France et sont sortis diplômés de l'université – s'apparente à celui des écrivains des générations précédentes. Ainsi, très peu d'entre eux sont arrivés dans les bagages de leurs parents candidats à l'émigration, ce qui les distingue des jeunes écrivains français dits « beurs » et/ou de la seconde génération. Les littératures africaines francophones n'ont pas encore leur Azouz Begag par exemple, même si, à certains égards, *Le Petit Prince de Belleville* pourrait avoir comme modèle archéologique *Le Gone du Chaâba*. La grande différence c'est que le second est un roman de formation dont la matière a été puisée à partir de l'expérience réelle de l'auteur alors que le premier reste un récit par procuration. Pour conclure sur cette remarque, il faut dire que le roman sur l'émigration s'est fait attendre dans le cas des littératures francophones d'Afrique alors que des auteurs maghrébins comme Driss Chraïbi (*Les Boucs*, 1955) ou, vingt ans plus tard, Rachid Boudjedra (*Topographie idéale pour une agression caractérisée*, 1975), par exemple, avaient intégré cette thématique dans leurs œuvres depuis des décennies.

IV) Autre fait récent, ces enfants de la postcolonie commencent à avoir leurs premiers commentateurs et critiques qui ont souvent le même âge, les mêmes affinités et la même trajectoire qu'eux.

Les Congolais Landri-Wilfrid Miampika et Boniface Mongo-Mboussa, le Camerounais Romuald-Blaise Fonkoua ou le Comorien Soeuf Elbadawi en font partie avec quelques autres. Là encore, les choses sont conformes à la tradition puisque les critiques comme Pius Ngandu Nkashama, Jean-Jacques Sewanou

Dabla, pour ne citer qu'eux, ont abondamment commenté les écrivains de leur génération tout en ayant démarré leurs premières recherches sur les travaux des pionniers.

v) Les revues comme *Revue noire*, *Notre Librairie*, *Sépia*, et plus récemment *Africultures* (ex-*Lettre des musiques et des arts africains*), des éditeurs comme Le Serpent à plumes, ou encore plus récemment Actes Sud et sa collection précieuse « Afriques » ou Dapper. Jusqu'à la très vieille et très honorable maison Gallimard qui a mis sur pied sa collection « Continents Noirs ». Des festivals comme le Festival international des francophonies en Limousin (avec sa résidence d'artistes à Limoges), Fest'Africa (le festival le plus en vue à l'heure actuelle, créé et administré par des jeunes journalistes africains dont Nocky Djedanoum et Maïmouna Coulibaly) ont pour dénominateur commun d'avoir généreusement accueilli ces jeunes écrivains. Les festivals français les plus courus comme Le Mans, Saint-Étienne ou Les Étonnants Voyageurs de Saint-Malo n'ont pas manqué de se faire l'écho de cette création africaine qui grandit en nombre et en qualité. Le premier festival de littérature métisse s'est tenu en France, à Angoulême, dans le sillage des musiques métisses, et rassemblait des écrivains venus de tous les continents ou presque. Encore un indice de cet essor, le nombre de structures éditoriales créées par des écrivains eux-mêmes à la fois en Afrique et en France à l'instar d'Acoria de Caya Makhélé, des Nouvelles du Sud de Paul Dakeyo, du Figuier de Moussa Konaté.

vi) À la question : est-ce que ce terme de génération aurait un sens si la quasi-majorité de ces écrivains ne vivaient pas en France ? – autrement dit, est-ce que des jeunes écrivains africains vivant dans leur pays partagent les mêmes préoccupations que ces enfants de la postcolonie ? –, la réponse semble affirmative. L'argument du fossé générationnel nous semble pertinent en Afrique comme au sein de la diaspora. De plus, ces écrivains voyagent beaucoup – mais de plus en plus difficilement depuis que les frontières de Schengen se sont refermées comme des huîtres. Beaucoup de ces écrivains se sont rencontrés et ont échangé des idées et des points de vue à l'occasion des forums et des festivals.

Conclusion provisoire : comme on le constate un peu partout dans le monde, le processus postcolonial a accéléré la circulation des références culturelles extra-européennes, le recours à ces références influence profondément les formes et les pratiques artistiques parties des foyers intellectuels du monde occidental. Les grands centres culturels des anciennes métropoles n'ont plus le monopole de la créativité et du dynamisme artistiques, et les artistes qui « ont essaimé hors de leur native contrée », comme l'écrit joliment un Abdelwahab Meddeb publiant les Actes d'un récent colloque sur le postcolonialisme, défient fervemment le canon occidental à l'instar des essayistes talentueux que sont Edward Saïd et Édouard Glissant. L'ici et l'ailleurs sont des notions de plus en plus liées, très difficiles à démêler à l'heure de la mondialisation, y compris dans l'espace de la fiction. Si migration, exil et littérature ont fait cause commune depuis les origines des littératures francophones africaines, cette nouvelle et quatrième génération aura pour pleine mission de faire sienne cet étrange œil « stéréoscopique », dont parle Salman Rushdie, commun à tous les exilés et à ceux qui ne sont ni tout à fait dedans ni tout à fait dehors. L'excellent poète et romancier franco-haïtien (c'est celui qui se définit ainsi) René Depestre, né à Jacmel en 1926 et résidant à Lézignan-Corbières depuis 1986 après cinquante ans d'exil à travers le monde, ne dit pas autre chose dans *Le Métier à métisser* quand il parle de « deux fers à garder au feu » : le « chez-soi », l'identité antillaise, la langue créole, le vaudou, d'une part, et, d'autre part, le « chez-autrui » multiple, fécondant, nourrissant le poète partout où il se trouve. Enfin, Tierno Monénembo écrivait depuis Durban, il y a quelques mois à peine, qu'il faut « profiter de l'exil ».

Au final, cette quatrième génération apportera quelque chose de neuf et justifiera son existence si elle transforme l'exil d'ordinaire angoissant, annihilant, douloureux en un exil fécondant, joyeux, qui n'est plus appréhendé sur le mode nostalgique, souffreteux, en un mot, « doloriste » (René Depestre).

Hérouville-Saint-Clair, 2 juillet 1998

Haïti : dix ruptures historiques et une littérature mouvementée pour fonder une mythologie américaine

par Dany Laferrière

La question qui revient depuis une dizaine d'années : Pourquoi Haïti a-t-il tant de peintres, de musiciens et d'écrivains ? La réponse n'est pas définitive, mais je vais tenter d'esquisser les incessantes ruptures qu'a connues ce pays. Ces ruptures, d'une certaine façon, l'empêchent de sombrer dans une somnolence folklorique et font de lui un pays toujours en train de se réinventer.

Jamais au repos

Rupture 1 :

Les esclaves d'Afrique ont traversé les mers dans la cale des bateaux provenant d'Europe pour échouer en Amérique. Ils venaient remplacer les Indiens (Arawak et Caraïbe) qui n'ont pas pu supporter le rythme infernal de travail. On les débarquait sur un continent encore inconnu à l'autre bout de leur terre d'origine. Pour ces gens (la notion d'esclave est une invention du maître pour les garder dans une condition permanente de soumission) c'est une rupture avec le lieu d'origine.

Rupture 2 :

On place les gens (hommes, femmes et enfants) de différentes tribus, régions, cultures, positions sociales (l'esclavage n'interdit pas la mémoire de classe – certains occupaient des fonctions importantes dans leur société) dans le même espace pour éviter qu'ils ne se reconnaissent trop vite et finissent par organiser trop rapidement une révolte. Pour réussir une telle aventure il faut d'abord établir des ponts entre ces groupes disparates : une langue commune, une même pratique religieuse, des rites qui se croisent, une certaine hiérarchie acceptée, afin de tisser une nouvelle société. Rupture avec l'organisation proposée par le maître.

Rupture 3 :

Se révolter c'est tuer le maître. Le faire c'est rompre un tabou construit sur des siècles de violences.

Rupture 4 :

Passer de l'état de « bien meuble », selon le Code noir de Napoléon qui régit la condition de l'esclave, à celui de citoyen d'un nouveau pays, après une intensive guerre contre la plus grande armée de l'époque, voilà l'exploit de ces guerriers qui allaient à la bataille en chantant « Grenadiers à l'assaut, pas le temps de s'occuper de nos morts, nous qui n'avons ni mère ni père ». L'indépendance devenant ainsi la grande rupture avec le monde d'avant étant donné que c'était la première fois qu'un peuple d'esclaves fondait un pays.

Rupture 5 :

L'étonnement d'une situation nouvelle. On découvre que la liberté n'améliore pas forcément la vie. Après la guerre extrême (le mot d'ordre étant de « couper les têtes et de brûler les cases ») menée contre le système esclavagiste, il ne restait plus rien des magnifiques plantations. La richesse de Saint-Domingue étant liée à l'esclavage et à la grande propriété. La liberté c'est la misère.

Des problèmes nouveaux apparaissent. Le fils du colon avec la négresse (l'affranchi) se dit légitime propriétaire de la terre laissée vacante par le départ du colon. Le fils de l'esclave qui se trouvait au bas de l'échelle sociale exige de passer d'esclave à propriétaire et proclame que la révolution a légitimé tous ses enfants. Cet affrontement dure encore aujourd'hui.

Rupture 6 :
La bataille pour la terre prend vite un nouveau visage. Certains, nostalgiques de la richesse de l'époque de l'esclavage, veulent revenir à la grande propriété. Ils trouveront en face d'eux ceux qui ont fait la guerre d'indépendance afin de posséder un lopin de terre qu'ils voudront faire fructifier à leur manière. Ceux qui veulent une richesse nationale s'opposent à ceux qui veulent une richesse individuelle. Les paysans se révoltent dans le Nord (les cacos) comme dans le Sud (les piquets) contre ceux qui veulent les déposséder de leurs terres. Ils sentent que, pour retrouver sa richesse d'antan, les élites n'hésiteraient pas à les remettre en esclavage (le caporalisme agraire). Rupture d'avec la rupture.

Rupture 7 :
Des gouvernements de plus en plus autoritaires s'installent. On s'éloigne à grands pas du rêve de justice qui a porté les esclaves durant la guerre d'indépendance. Les nouveaux citoyens s'étonnent de reproduire le monde d'avant. Celui du maître. Rupture avec un rêve.

Rupture 8 :
Étrangement c'est la dictature qui nous a sauvés de la névrose coloniale. Le dictateur remplace le colon. Le mal n'est plus personnifié par le Blanc, mais par tout individu qui se sert du pouvoir pour dominer. Duvalier, le plus célèbre dictateur, un idéologue accompli, a utilisé la carte raciale pour rester au pouvoir. Un dictateur noir est toujours préférable à un colon blanc, argumente-t-il en

substance. Le peuple lui répond finalement qu'il ne veut ni de l'un, ni de l'autre.

Rupture 9 :
Des ruptures à répétition tout le long des deux cents ans d'indépendance politique, mais non économique. On compte trente-deux coups d'État. Ce qui veut dire aussi que les gens n'ont pas accepté la situation installée par les pouvoirs abusifs, sinon il n'y aurait qu'une longue dictature de deux cents ans.

Rupture 10 :
L'Occupation américaine de 1915 à 1934 fut reçue comme une gifle. Signe que l'élite politique a échoué dans sa tentative de fonder une nation autonome. Rupture avec l'idée d'une terre inviolable. « La génération de la honte », dira un poète.

Une littérature mouvementée

L'imagination au pouvoir

La littérature a suivi les différents tumultes de la société. Parfois elle s'est contentée d'observer et de décrire ces tempêtes, d'autres fois elle s'est retrouvée au cœur du cyclone. Pour ce pays majoritairement analphabète, écrire n'est jamais un fait innocent. Un nombre d'hommes politiques sont recrutés dans l'élite intellectuelle, alors que très peu d'industriels, d'hommes d'affaires, d'ingénieurs ou d'agronomes se sont retrouvés à la tête du pays. Le poète n'a aucun pouvoir réel, mais le verbe enflamme les affamés.

Un poète créole

Un créole c'est quelqu'un (esclave ou colon) né dans la colonie de parents venus d'ailleurs, ce qui fait que le créole est parfois un Blanc. Duvivier de la Mahautière en est un. Il est doublement créole car il a écrit, en 1757, le premier poème en créole. Longue plainte d'un colon dont la jeune maîtresse noire l'a quitté pour aller en ville. « Lisette quitté la plaine » a connu un certain succès puisqu'il a été remarqué par Jean-Jacques Rousseau qui l'a mis en musique.

Voici ses trois premiers vers en créole et en français (la traduction est de Moreau de Saint-Méry, un historien de l'époque) :

Lisette quitté la plaine
Mon perdi bonher à moué
Gié a moin semblé fontaine.

Lisette, tu fuis la plaine
Mon bonheur s'est envolé ;
Mes pleurs en double fontaine.

L'étonnement vient du fait que c'est le texte fondateur de la poésie créole. Jean Price-Mars l'a cité intégralement dans son essai majeur *Ainsi parla l'oncle*.

La parole historique

C'est la poésie qui a ouvert le ban, on devrait dire le feu car ce fut une poésie gorgée des faits d'armes de la guerre de l'indépendance. Je retiens deux citations qui ne sont pas vues comme des poèmes mais qui disent bien l'ambiance dans laquelle a baigné cette littérature naissante. Tous les enfants d'Haïti connaissent par cœur les paroles de Toussaint Louverture au moment de son arrestation : « En me renversant, on n'a abattu à Saint-Domingue que le tronc de l'arbre de la liberté des Noirs ; il repoussera par les racines parce qu'elles sont nombreuses et profondes. »

Plus tard, au moment d'écrire le discours officiel de l'indépendance d'Haïti, Dessalines, le fondateur de la nation, se plaignait du discours terne écrit par son secrétaire Juste Chanlatte. Ce qui fit bondir Boisrond Tonnerre qui répliqua : « Pour écrire l'Acte de l'indépendance il nous faut la peau d'un Blanc pour parchemin, son crâne pour écritoire, son sang pour encre, et une baïonnette pour plume. »

Dessalines se tourna vers lui : « Boisrond, je te charge d'exprimer mes sentiments à l'égard des Blancs. »

On était au stade de la formulation d'un discours qui se voulait sanglant mais au moment de procéder à la vengeance on a vu que beaucoup de colons furent épargnés, surtout ceux qui exerçaient « une profession utile ». La propre femme de Dessalines cachait des colons dans la maison même du chef de guerre.

Un moment tranquille

Ce moment arriva quand les poètes se mirent à refaire en Haïti les écoles littéraires françaises.

Jules Solime Milscent se prit pour La Fontaine en écrivant des fables. On tropicalise le Parnasse. L'école de 1836 proposa une littérature sans pâle imitation de la littérature française, plutôt à forte saveur locale, et ce pour la grande joie des lecteurs. Un groupe de jeunes gens (les frères Nau, les frères Ardouin et les frères Lespinasse) qui habitaient dans un même quartier croient qu'il est temps de faire vibrer leurs sentiments en harmonie avec le paysage qui les entoure. On ne peut pas faire l'économie du lieu où l'on vit, souligneront cent cinquante ans plus tard les idéologues de la créolité. On s'intéresse aussi à l'histoire (Beaubrun Ardouin, Émile Nau).

Des années plus tard Etzer Vilaire fustige avec une ironie mordante ceux qui croient « qu'il suffit d'un palmiste au bout de méchantes rimes » pour faire poème. C'était le signal d'une nouvelle rupture. Vilaire croit la poésie haïtienne capable de sentiments universels. Il prend la tête des poètes de son époque en dévoilant son âme dans un long poème languissant (« Les dix hommes noirs »). Des désespérés qui interrogent la vie. L'un d'eux, Franck, se suicidera. Ce poème fera date.

La génération de la ronde

Ce sont surtout des romanciers. Finie l'hégémonie des poètes. Ils posent un regard critique sur la société. Pas d'état d'âme tragique. Des tranches de vie sanglantes ou amusantes. Trois d'entre eux exposent une époque plutôt cynique, gorgée de corruptions et où une élite s'accapare du gâteau pendant que le grand nombre sombre dans la misère. Ces écrivains décrivent longuement les travers de leur société dans une langue charnue, jouissive. Justin Lhérisson fait rire le lecteur, Frédéric Marcelin l'engage à sourire et Fernand Hibbert le pousse à rire jaune. On n'est pas chez Vilaire où tout est monochrome.

Le fil rouge du créole

Il n'y a pas que les thèmes et l'esthétique qui changent, parfois c'est la langue utilisée qui est contestée. Le sol bouge. L'élite haïtienne a imposé le français après l'indépendance. Le pays se vit en créole, mais se dirige en français. Cela ne va pas sans protestation. Ceux qui voudraient que les décisions nationales se prennent par « le plus grand nombre » militent pour le créole, tandis que ceux qui voient toujours « le pouvoir aux plus capables » continuent d'imposer une administration en français. L'école se fait en français. La lutte se porte sur un plan culturel. Poésie créole, poésie française. Parfois c'est le même auteur qui écrit dans les deux langues. Déchirure. Saint-Domingue a créé ce monstre : père français, mère créole. C'est le cas d'Émile Roumer et de Georges Sylvain qui ont écrit en français et en créole – c'est peut-être la meilleure façon d'être un poète haïtien. Mais le créole qui se cantonnait dans l'espace de l'enfance avec les contes chantés et les histoires de Bouqui et Malice (l'un rusé, l'autre balourd) s'étend dans les traductions de l'Évangile et des pièces du théâtre universel (adaptation d'*Antigone* par Félix Morisseau-Leroy). Sans oublier *Dezafi* (1975) qui parut en créole bien avant que l'auteur ne fasse une traduction française (*Les Affres d'un défi*, 1979). On joue en créole *Le Cid* (*Jénéral Rodrig*, 1975) et *Andromaque* (*Andromak*, 1974). Aujourd'hui le créole est une langue officielle et on vient de créer une académie pour l'illustrer et le défendre.

Ainsi parla l'oncle

L'année 1928 marque la grande rupture dans la culture haïtienne avec *Ainsi parla l'oncle*, l'essai déterminant de Jean Price-Mars. Le livre est un recueil de conférences que l'auteur a prononcées un peu partout en Haïti. Ayant constaté que les Haïtiens faisaient appel de moins en moins à l'Afrique dans leur vie culturelle ou mondaine, l'écrivain entreprit un travail de terrain afin de découvrir les causes réelles de cette situation qu'il a qualifiée de « bovarysme culturel ». Bovarysme culturel qu'il explique ainsi : à trop imiter une culture différente de la sienne on finit par perdre son âme. Le voilà donc qui entreprend de retisser les composantes de la culture africaine. Une recherche de ses traces dans la vie quotidienne. Le vaudou bien sûr, mais aussi la moindre présence des langues et cultures africaines (les chants sacrés, les rites, les proverbes et les dictons) dans le créole. Le créole étant beaucoup plus une culture qu'une langue (le cas de toutes les langues). Il déplore l'état lamentable de la culture haïtienne qui se repose alors sur du vide. Une culture qui n'est ni française, ni africaine, ni américaine. On dirait une île à la dérive (c'est ce qui fait sa modernité aujourd'hui). Price-Mars finit par indiquer son devoir à cette élite dans un texte rageur : *La Vocation de l'élite*. Partout on commença à s'intéresser à cet intellectuel atypique. Il est à la source de la fièvre qui s'est emparée au début des années 1930 de ces jeunes étudiants à Paris (Césaire, Senghor, Damas) qui finiront par lancer un mouvement pour défendre la culture noire : la négritude.

Senghor témoigne : « Au bout de ma quête, je devrais trouver Alain Locke et Jean Price-Mars. Et je lus *Ainsi parla l'oncle* d'un trait comme l'eau de la citerne au soir, après une longue étape dans le désert, j'étais comblé. »

Aimé Césaire dira, en pensant cette fois à l'indépendance conquise de haute lutte, qu'Haïti est le pays où « la négritude s'est mise debout pour la première fois ».

On pourrait ajouter que c'est aussi le pays où le concept de la négritude germa : l'essai de Price-Mars paru en 1928 l'atteste.

Les enfants de Price-Mars

Le nouvel idéologue, passionné par les questions raciale et nationale, créa, à Port-au-Prince, un bureau d'ethnologie où il fut rejoint par un jeune disciple du nom de Jacques Roumain. Ce dernier perçoit la question de la culture différemment de son mentor. Il fonda le premier Parti communiste haïtien. Dans son roman posthume (*Gouverneurs de la rosée*) dont on dit, avec raison, qu'il est le meilleur roman haïtien, Roumain souligne en rouge que le sacrifice des animaux qu'exige le vaudou ne changera pas la situation. Seul le sacrifice des hommes risque de faire pencher la balance vers une plus grande justice sociale. Roumain espère une plus grande fraternité. En effet son personnage central, Manuel, entend amener l'eau de la source jusqu'à la terre des paysans afin que chacun d'eux puisse mener une vie décente. De tels résultats ne sont possibles que si tous les paysans s'unissent. L'union est le mot-clé de l'œuvre de Roumain. Les dieux ne peuvent rien pour nous, l'homme doit compter sur son courage.

À la mort de Roumain, Jacques Stephen Alexis, totalement en admiration devant son aîné de quinze ans, esquissa pourtant une rupture avec la vision politique de Roumain. Il fonda lui aussi un parti communiste (le Parti d'entente populaire). Alexis salue Price-Mars comme étant le grand chantre de la culture populaire (le folklore) – il en fait le socle de son œuvre. Mais politiquement il est loin de Roumain et encore plus loin de Price-Mars car il préconise un engagement total, physique même, de la part de l'intellectuel. Il ira jusqu'à vouloir renverser la dictature de Duvalier en débarquant en Haïti avec quelques amis. Il y trouvera la mort. Son corps n'a jamais été retrouvé, mais on sait qu'il a été tué par la milice de Duvalier.

Une nouvelle rupture :
Marie Vieux-Chauvet, Amour, colère et folie

La rupture se fera sur deux plans.

D'abord l'apparition d'une grande romancière dans un pays où la culture est une chasse gardée de l'homme.

Ensuite Marie Chauvet ouvre un nouvel espace dans la littérature haïtienne : la province. C'est là qu'elle a installé son laboratoire pour étudier les arcanes de la dictature de Papa Doc. Ses méthodes sont simples et nouvelles : aucun tabou, plus de frontière entre le privé et le public, et une violence de langage d'une folle puissance. Tout se passe dans une petite ville endormie. Chauvet met au jour les implications de la bourgeoisie dans cette affaire. Cette bourgeoise, qui va faire face aux premiers émissaires de la dictature, pratique une violence totalement différente de celle des tontons macoutes. Claire Clamont, obligée de danser avec le chef des tontons macoutes qui la serre de trop près, lui souffle à l'oreille : « Tu mords, moi je pique. » Elle croit encore que son éducation bourgeoise lui donne avantage sur ce grossier personnage qui vient des quartiers populaires. Une illusion car cette bourgeoisie finira par comprendre que pour survivre elle doit faire alliance avec le nouveau pouvoir. Chauvet trouve là son terrain d'étude : la violence. Violence du pouvoir, violence des hommes sur les femmes, violence d'une bourgeoisie pas moins répugnante que la clique des nouveaux maîtres, et même violence des démunis sur les plus démunis. Étude clinique. Rupture avec la vision presque schématique de ses devanciers : Alexis et Roumain. Chauvet n'appartient à aucun parti politique. Son roman comprend trois parties : « Amour », « Colère », « Folie ». « Folie » traite des poètes.

Trois poètes

Ce ne sont pas les poètes de Chauvet, mais j'en profite pour présenter rapidement trois poètes dont la poésie a changé, à chaque fois, notre manière de voir ce pays. Etzer Vilaire que j'ai déjà présenté. Il entendait inclure dans le corpus haïtien une poésie qui traite des thèmes universels comme la mort, la solitude, le désespoir. Qu'on soit d'accord ou pas avec lui, on doit tenir compte de son courage. Pendant longtemps on s'est demandé s'il fallait le garder dans les manuels de littérature haïtienne (un critique affirma que « Vilaire est un poète français exilé sur la terre d'Haïti »).

Le deuxième c'est Magloire-Saint-Aude, dont l'œuvre poétique entière fait quarante-quatre pages. Trois brefs recueils : *Dialogue de mes lampes*, *Tabou*, *Déchu*. Fils de la bourgeoisie, il a choisi de vivre dans les quartiers les plus mal famés de la ville (près du cimetière de Port-au-Prince), et ce jusqu'à son décès. Mon poème préféré de lui c'est « Dimanche » – un magnifique autoportrait.

À l'horizon des fièvres
Pour la voix au bal du poète.

Le poète, chant lugubre au rire de chat

Le cœur léché, fêlé par les veilles.

Dites aux litanies délacées, Édith
Le lieu le buste au gré de mon reflet.

Cloué, incomplet aux éventails
Dans ma douceur more.

Torpeur dans mon sang déganté,
sans amour.

Après-midi dénués à tire-d'aile.

Je descends, indécis, sans indices,
Feutré, ouaté, loué, au ras des pôles.

Après l'avoir lu, Breton l'a comparé au Sphinx qui arrête le passant. Le dernier avait vingt-deux ans quand il a publié ce recueil qui a fait sa gloire. Les poèmes étaient écrits entre seize et vingt et un ans. Seulement deux recueils. Le premier *Idem* qui veut dire le même. Quelques années plus tard un second recueil *Ibidem* qui signifie toujours le même. Il est légèrement plus lyrique que Saint-Aude mais tout autant moderne. Ces deux poètes ont publié leurs œuvres dans la touffeur de l'indigénisme, cette version locale de la négritude. Cet indigénisme est à la culture ce que le populisme est à la politique. Culture d'État. On nous force à toujours préférer le connu face à l'inconnu. Ces trois poètes méritent le beau titre de résistant.

Mythologie américaine

Quant à la mythologie américaine, elle est née du rêve d'occuper de nouveaux territoires. Un comportement inédit chez les anciens colonisés qui restent toujours confinés dans l'espace qui leur est accordé. L'ancien colonisé ne quitte un tel lieu que pour se rendre à l'ancienne métropole. Les chaînes sont invisibles. Le cordon ombilical relie encore l'ancien colonisé à l'ancien colon. Ceux qui étaient colonisés par l'Espagne vont spontanément à Madrid quand ils ont envie de voir à quoi ressemble le monde extérieur. Les anciens colonisés du Portugal se rendent d'abord à Lisbonne. Les anciens colonisés de la France privilégient Paris. Les Haïtiens restent massivement implantés en Amérique. Ils vivent au Belize, à Saint-Martin, en Guyane, Guadeloupe et Martinique. Ils sont des centaines de milliers à Miami, à Montréal et à New York ; des milliers à Sherbrooke, à Chicago, à Boston, dans le New Jersey, à Caracas, à la Jamaïque et à Porto Rico. Partout, sur ce continent, ils occupent majoritairement des fonctions subalternes.

De plus en plus on les retrouve médecins, professeurs, ingénieurs, poètes, animateurs de radio, journalistes dans les grandes comme dans les petites villes de ce continent. Et dans ces villes ils fondent une communauté structurée. Ils installent au moins une radio, parfois un journal, un magasin de disques, une troupe de danse, des boîtes de nuit, des restaurants, un salon de coiffure, et autres services. Ils représentent plus de la moitié de l'aide à Haïti en envoyant plus de deux milliards de dollars par an à leurs parents restés en Haïti. Les journalistes internationaux tiennent rarement compte de cet apport financier quand ils affirment qu'Haïti est un pays totalement assisté. Ces communautés sont si solidement structurées qu'on n'aura aucun mal à percevoir une minutieuse occupation du territoire : une conquête de l'Amérique par le bas. Cette migration en terre américaine depuis une soixantaine d'années fait suite à la migration des artistes et écrivains haïtiens en Europe et des professeurs en Afrique (Sénégal, Congo, Tchad).

La migration sur le continent américain crée une nouvelle dynamique. La mer unit dans ce cas plus qu'elle ne sépare. La technologie aide à ce rapprochement. Les gens restent en communication même dans leur vie quotidienne. Ils commentent leurs plus banales actions. Chacun tient compte de l'avis de l'autre même en faisant son marché. Il se construit quelque chose de nouveau : un élargissement du territoire. Haïti n'est plus confiné dans l'espace de la république. Il est partout où se trouvent des Haïtiens ou des gens qui sont sensibles à leur destin. De plus cette solidarité des gens du bas-fond pourrait contribuer à aider les États-Unis par exemple à se déviriliser un peu, à comprendre qu'à vouloir tout dominer on risque de passer à côté de manières de vivre plus souples, et finalement plus résistantes aux grandes tempêtes de la vie. On les a vus faire face au tremblement de terre du 12 janvier 2010, à Port-au-Prince.

Penser et écrire l'Afrique depuis la France d'aujourd'hui

par Maboula Soumahoro

L'Afrique existe.
L'Afrique n'existe pas.
L'Afrique a existé.
L'Afrique existera.

Dans *Color*, un recueil de poésie qu'il publie en 1925, le célèbre poète afro-américain Countee Cullen, figure importante du mouvement artistique de la Harlem Renaissance, s'interroge sur la signification que revêt l'Afrique à ses yeux dans son poème « Heritage ».

À l'époque où le Noir américain se pense et se désire « nouveau », Cullen s'interroge sur une question ancienne : celle du rapport des Afro-Américains au continent africain, un espace qu'ils ont quitté depuis le XVIIe siècle. Les origines africaines demeurent donc des fantômes qui continuent de hanter la communauté. Ce qui nous intéresse dans ce poème de Cullen est la question du rapport à l'Afrique, la terre d'origine, la terre ancestrale. La terre à laquelle la communauté est sans cesse renvoyée, qu'elle le veuille ou non. La terre africaine est l'endroit qui semble justifier l'infériorisation, l'exploitation, la violence, la marginalisation subie par les Afro-Américains au sein de la société étatsunienne.

Depuis la France, l'histoire afro-américaine peut paraître connue. Et comprise. Elle circule du moins relativement aisément. Les Noirs américains, dont la présence sur le sol des États-Unis s'explique principalement par l'histoire de la traite négrière transatlantique et l'esclavage, sont souvent perçus et présentés comme ayant beaucoup souffert, beaucoup prié leur dieu chrétien et beaucoup résisté en luttant de manière acharnée. Cette lutte pour l'émancipation et la liberté pleine et entière, promise de longue date et à de multiples occasions, aurait culminé dans les années 1950 et 1960 lors du mouvement pour les droits civiques. De notre côté de l'Atlantique, des figures telles que Martin Luther King, Rosa Parks, Muhammad Ali, Malcolm X ou le Black Panther Party for Self-Defense sont – en surface – bien connues. En vérité, l'histoire afro-américaine, au même titre que l'histoire étatsunienne, est bien plus complexe. De même, les grandes figures nationales et communautaires sont bien plus nombreuses et ne se limitent aucunement à la seconde moitié du XXe siècle. Mais cela n'est pas l'objet de ce texte.

On pourrait s'étonner du fait que cette réflexion sur la pensée et l'écriture de l'Afrique depuis la France d'aujourd'hui débute par ce détour par les États-Unis. La démarche peut effectivement surprendre. Cela dit, elle s'explique aisément. En effet, les artistes et penseurs de la Harlem Renaissance se distinguent par le fait qu'ils ont émergé de la première génération d'Afro-Américains à ne pas avoir connu l'esclavage. Une autre de leurs caractéristiques est une dignité affirmée et affichée sans ambages, une volonté de traiter avec l'Amérique dominante – c'est-à-dire blanche – sur un réel pied d'égalité. Or, ce que nous révèle le poème de Countee Cullen est que même dans un tel contexte, fait de migrations internes, internationales et de rencontres diasporiques, la question de l'origine originelle persiste. Celle-ci continue de planer sur la psyché communautaire, dont se sont largement inspirés les intellectuels et artistes des années 1920. Ainsi, la volonté de s'ancrer de plain-pied dans la société étatsunienne ne semble pas empêcher un retour vers son passé qui se situe à l'extérieur des frontières nationales. La fragile citoyenneté afro-américaine est étroitement liée à leur parenté réelle ou supposée au continent africain. En effet, c'est l'Afrique qui a fourni Noirs et esclaves.

Les chercheurs l'ont largement démontré, les étudiants, intellectuels et artistes issus des mondes noirs de l'empire colonial français des années 1920 et 1930 étaient bien au fait des développements intellectuels et culturels afro-américains de la même période. Les sœurs Nardal, pour exemple, maîtrisant la langue anglaise, se tenaient informées de cette actualité venue d'outre-Atlantique, publiaient à ce sujet, traduisaient les textes en français, tenaient des salons littéraires au cours desquels elles organisaient la mise en relation entre artistes et intellectuels coloniaux français et afro-américains. Par ce biais, des mouvements tels que la négritude ont pu émerger.

Il ne s'agit pas de dire que ces mouvements doivent être perçus comme quelque peu inféodés à la pensée et la production artistique afro-américaines. Avancer cela reviendrait à dire que les Afro-Américains seraient les premiers à avoir développé une réflexion sur l'identité noire et l'origine africaine dans une société du monde occidental à majorité blanche. Bien au contraire, l'ébullition culturelle caractéristique de l'entre-deux-guerres s'appuie principalement sur des rencontres et conversations transatlantiques liées à la géopolitique de la période et qui se sont nourries mutuellement pour, au final, donner lieu à une conscience diasporique accrue. Pour cette diaspora, la question de l'Afrique s'est posée continuellement. Dans le cas de l'histoire coloniale et postcoloniale française, l'Afrique a produit et fourni des esclaves, des Noirs, des indigènes et des originaires, des soldats, des étudiants, et de la main-d'œuvre.

De nos jours, près d'un siècle après la Harlem Renaissance et la négritude, les questionnements au sujet de l'identité noire et de l'africanité perdurent. Pourtant, d'un côté de l'Atlantique comme de l'autre, la ségrégation régie par la loi étatsunienne est devenue anticonstitutionnelle et en 2008, un Afro-Américain a été élu président ; dans le cas français, l'empire colonial n'est plus et la Cinquième République s'est déclarée aveugle à la race. Pourtant…

Dans la France actuelle, penser et écrire l'Afrique nécessite plusieurs clarifications préalables : s'interroger sur la France et l'Afrique dont on parle. Est-il raisonnable de limiter cette France à son Hexagone ? Cela paraît impensable tant ces territoires nommés « outre-mer » sont bel et bien constitutifs de la France. L'histoire de l'impérialisme français a ainsi eu des conséquences à la fois géographiques et démographiques. Ce sont ces conséquences qui, en partie, nous mènent et nous ramènent vers l'Afrique. Si le récit nourrissant la réflexion et l'écriture du continent africain se veut complet, c'est donc toutes ces Frances qu'il faut embrasser. Comme dans le cadre étatsunien, une fois encore, c'est la question de la citoyenneté fragile et fragilisée qui est soulevée.

En ce qui concerne l'Afrique, quelle est-elle ? Comment définir ce continent ? Sur une base géopolitique contemporaine ? Sur une base historique ? Sur une base mythique et fantasmée ? En d'autres termes, pour quel prisme opter ? Lequel de ces prismes constituera la réalité légitime ? Tout d'abord, il est important de rappeler que le terme « Afrique » lui-même est une invention exogène. Parmi les peuples, groupes ethniques et entités politiques qui ont jalonné l'histoire du continent, aucun ne s'est défini lui-même comme « africain ». Le terme est une invention relativement récente qui nous renvoie à la rencontre avec l'Europe. Depuis, puisque le terme s'est imposé sur fond de domination militaire, politique et économique, la tradition panafricaine l'a embrassé et se l'est profondément approprié, dans un esprit de résistance et de contestation, sans pour autant avoir pu éviter le piège du modèle de l'État-nation à l'heure de la décolonisation. Toutefois, l'Afrique ne saurait être cantonnée à sa matérialité physique et géographique. Elle aussi s'est répandue à travers le monde, de manière libre, forcée ou entravée. Se préoccuper de l'Afrique signifie également prendre en compte sa diaspora, c'est-à-dire la dispersion de ses habitants et cultures à travers le monde. Ainsi, des échos d'Afrique se font entendre partout sur terre. Des traces africaines sont décelables partout et sont toutes liées à des processus historiques connus, bien que largement ignorés. La diaspora, soit l'Afrique hors d'elle-même, est – selon les temps et les lieux – parvenue à maintenir un lien et revendiquer une identité en relation avec l'Afrique.

On retrouve l'Afrique en France parce que la France s'est trouvée et se trouve encore en Afrique. Les liens entre ces deux parties du monde sont anciens et puissants. Ils ont été largement étudiés et répondent à une logique historique cohérente qui a marqué les corps, les pratiques culturelles et les esprits. Nous nous débattons avec tous ces éléments aujourd'hui encore. Penser ceux-ci afin de pouvoir les écrire relève, à mes yeux, d'un positionnement à la fois politique et réaliste. Déclarer cela peut donner des allures de manifeste au présent texte, ce qui permettra de le disqualifier aisément. Cela sera fait par les esprits les plus aveugles et réfractaires à la réalité des dominations qui pèsent de tout leur poids sur les individus, les peuples et les entités politiques perçus et inventés comme « africains », de même que leurs descendants et leurs extensions diasporiques.

L'Afrique a déjà été pensée. Elle a également déjà été décrite et écrite. Elle a déjà été réifiée (y compris par sa diaspora), transformée en objet d'étude et entreprise coloniale, postcoloniale et néocoloniale. À l'ère moderne, la production intellectuelle développée autour de ce continent a pleinement participé à la fabrication d'un discours établissant, imposant et légitimant une infériorité inébranlable. Ce discours a contaminé le territoire, ses populations et sa diaspora. Ce discours a de tout temps été contesté. Il a de tout temps était contredit par la réalité. Mais la réalité n'est rien sans la puissance matérielle qui permet la production, l'imposition et la diffusion des savoirs.

Depuis la France d'aujourd'hui, voilà où se situe l'enjeu. Nous nous trouvons à un moment particulier de la période postcoloniale française au cours de laquelle des populations d'origine africaine proche ou lointaine peuvent – en théorie – être des citoyens français à part entière. Cela signifie que le discours produit sur l'Afrique ne se trouve pas entre les seules mains de groupes dominants se pensant extérieurs à cette dernière, totalement déconnectés et par conséquence idéalement objectifs et impartiaux.

Il n'est pas question de nier les générations précédentes qui, dans le contexte français, ont pensé l'Afrique et écrit sur celle-ci. La négritude mentionnée précédemment a, de toute évidence, effectué son travail d'éveil de la conscience et de retour (parfois idéalisé) vers une terre originelle sans laquelle aucune cohérence n'est possible. Plus tard, les romans de Maryse Condé, par exemple, ont fréquemment exploré – et parfois de manière très critique – les travers de l'Afrique postcoloniale. On se souvient aussi des réflexions abyssales d'Édouard Glissant sur l'opacité nécessaire et heureuse de l'origine antillaise. Supposée africaine, cette origine en réalité multiple est appelée à dépasser l'Afrique. Il est impératif d'accepter la perte de celle-ci et de s'émouvoir de ses merveilleuses transformations.

Ce bref rappel vise à démontrer qu'il existe bel et bien une tradition intellectuelle française d'origine africaine (proche ou lointaine) qui a pensé et écrit l'Afrique et ses ramifications. Cette tradition a suivi des pistes variées et souvent contradictoires. Cependant, elle a fait de l'Afrique un objet de préoccupation majeur en lien avec une réalité vécue dans l'espace français.

De nos jours, quelles sont la réalité et la diversité des populations afro-descendantes au sein de l'espace français ? Comment ces réalités et diversités peuvent-elles engendrer une nouvelle approche intellectuelle du continent africain ? À ces questions, on pourrait répondre qu'il revient aux Afro-descendants français et leurs alliés éclairés de lutter pour le contrôle de la production, de la diffusion et de l'enseignement des savoirs liés à l'Afrique. Cela pose donc la question de la citoyenneté pleine et entière sur la base de l'égalité. En outre, toute forme d'enfermement et d'aliénation est à proscrire. La forme la plus dangereuse d'enfermement serait probablement l'enfermement idéologique : l'enfermement articulé autour de la croyance en un discours sur l'Afrique faisant de celle-ci un territoire immense dont l'Afrique du Nord ne ferait pas réellement partie, un territoire incontrôlable, violent, pauvre, ayant perpétuellement besoin d'aide humanitaire, politique, économique ou éducative. Ensuite, il paraît impératif de prendre pleinement conscience des productions intellectuelles issues des générations précédentes. Enfin, il est en réalité inévitable de dépasser le cadre national. Pour être riches et faire sens, les conversations et réflexions doivent inclure tant le continent, que les espaces français et francophones, mais également les autres espaces linguistiques et géographiques du monde. Tous sont confrontés aux mêmes problématiques, bien que celles-ci s'articulent de manières différentes selon les contextes particuliers. Le cadre diasporique, nous l'avons dit, ne peut se satisfaire de frontières strictement nationales. Internationalisme et transnationalisme sont de rigueur. S'il est envisageable de discuter, voire de contester la centralité de l'Afrique, il n'en reste pas moins que la dialectique entre le continent et sa diaspora continue de faire sens aujourd'hui : le Noir descend de l'Africain. Ces deux identités, intimement liées à des processus historiques de déshumanisation, nous somment de réfléchir à l'invention, l'élévation et la déchéance de catégories humaines. Penser l'Afrique équivaut à penser l'humanité.

L'Afrique est en France et ce qu'elle révèle de cette dernière est à la fois indéniable et précieux. L'Afrique est dans le monde, elle ne constitue nullement l'une de ses périphéries. D'ailleurs, l'Afrique est le monde. Ou l'un de ses laboratoires. C'est cela qu'il faut penser de nouveau. C'est cela qu'il faut (d)écrire. Jusqu'à ce que l'humanité pleine et entière pour tous devienne bien plus qu'un principe désincarné. L'idéal demeurant pour l'éternité celui d'une réalité véritablement incarnée, humaine.

Les rêves de Kong de Binger

par Gauz

Je suis venu vous parler des rêves de Kong de Binger, Louis-Gustave Binger. Cette histoire a commencé quand j'ai décidé d'aller voir la tombe d'un Français d'origine russe qui a pondu probablement les deux meilleurs albums de reggae talk over de tous les temps. Il s'appelle Serge Gainsbourg. Il a fait un album qui s'appelle *Aux armes et caetera* et l'autre *Bad News from the Stars*. Il n'a pas fait comme Jim Morrison et sa clique, il n'a pas décidé de partir du côté droit de la Seine. Il a voulu être chez les gens bien sur la rive du Collège de France. On l'a enterré au cimetière du Montparnasse. En cherchant sa tombe comme ça, d'ailleurs je ne comprends pas ce goût pour la tombe, ce petit côté africain que j'ai de célébrer les ancêtres qui te marquent. Et l'idée de partir en pèlerinage sur la tombe de cet homme qui avait des paroles incroyables, qui avait cette rythmique dans ses deux albums reggae totalement surréalistes réalisés en Jamaïque en 1979 et 1981…

Je me balade au cimetière du Montparnasse à la recherche de cette tombe-là quand je vois une espèce de stèle sur laquelle est écrit exactement ceci : « Louis-Gustave Binger explorateur de la boucle du Niger a donné la Côte d'Ivoire à la France. La France reconnaissante. » Le gars est mort en 1936 et il a donné mon arrière-grand-père à la France. Trois cent vingt-deux mille kilomètres carrés, quatre millions de négros gesticulants dans tous les sens. Lui, ce gars-là, il a donné ça à la France. Je vois ça en cherchant la tombe de Gainsbourg un Russe et je me dis : mais je le connais Binger. La première capitale choisie de la Côte d'Ivoire s'appelle Bingerville. Je connais ce gars Louis-Gustave. Nous, on l'étudiait à l'école. Je ne connais rien de Babemba ou de Makoko, mais je connais Binger. Le pote avec lequel j'étais il ne connaissait pas Binger. « Tu rigoles ou quoi, tu connais pas Binger ? Mais, il a donné la Côte d'Ivoire à la France mon gars. C'est écrit sur sa tombe en plus : la France reconnaissante. Reconnais, reconnais vite fait. » Il ne connaissait pas Binger, personne ne connaît Binger. Donc le « gimmick » pendant tout le week-end c'était de demander à tous les copains français que je croisais : « Tu connais Binger ? Tu connais Binger ? » Personne ne connaissait. Pourtant la France lui était reconnaissante d'avoir donné une colonie si fondamentale. Aujourd'hui une colonie clé. Quand je dis une colonie clé, je ne parle pas de pays. Aujourd'hui encore, c'est une colonie clé de la France en Afrique de l'Ouest. Personne ne connaissait cet homme-là. On a un problème. J'ai décidé d'expliquer, à mes amis, qui était Binger.

Louis-Gustave comme moi je l'ai appris à l'école, puis j'en ai appris un peu plus, plus tard, Louis-Gustave Binger est arrivé en Côte d'Ivoire en 1891 à peu près, à la suite d'un grand voyage qu'il a fait financer par Faidherbe, Faidherbe le Maréchal. Faidherbe qui était déjà venu en Côte d'Ivoire, qui avait traîné là-bas, qui y a construit un port. Après la défaite de Sedan, ce mec, il devait redorer le blason de la France en récupérant le maximum de colonies. Voilà comment le processus se passait. Ils ont tous appelé ça le *scramble. Scramble in the Jungle*. Dans la littérature politique, quelque chose de très sérieux, c'est comme ça qu'ils l'appellent la ruée de la France, de l'Angleterre et des autres petites nations satellites sur l'Afrique, sur la foi d'une seule chose : le premier venu fait signer un traité dont l'article premier est… « Bonjour le chef négro, toi et tes négrillons, commencez à vous mettre sous la protection de la France. »

Je caricature, mais c'est à peu de chose ça. C'est de la littérature politique hyper sérieuse. Il fallait apposer une signature ou quelque chose comme ça en dessous. Et c'est sur la foi de ces papiers-là qui concluaient ce qu'on appelait à l'époque « l'occupation effective du territoire » qu'on donnait ou assignait tel ou tel territoire à la France, à l'Angleterre, à l'Italie… Ils se sont un peu mordu les doigts en Éthiopie les Italiens, mais quand même. L'Allemagne aussi, mais ils sont venus un peu plus tard. 1885, ici, on considère que c'est le vrai début de la colonisation. Ça commence en 1885 et en 1900, l'affaire est pliée. Quinze ans. L'affaire est pliée justement par ces petits papiers que des explorateurs vont faire signer à des chefs nègres là-bas, là-bas, dans la forêt. Quiproquo total. Chez eux, la culture c'est l'écriture, chez nous la culture c'est l'oral. C'est quoi cette croix que tu mets ?…

Louis-Gustave Binger, il naît à Strasbourg, presque français, en 1856. Chez lui, toute sa famille est tournée vers la France. Son père particulièrement, parce qu'il meurt en migrant, comme un simple Syrien de l'Alsace jusqu'à Paris. Au mieux il faisait ramoneur, ce qui est un métier assez intéressant parce que ça rend les Blancs noirs aussi, symboliquement il faut le retenir. Ce n'est pas étonnant quand il a vingt-cinq ans, que Binger décide de partir à la Colonie depuis le port de Toulon. Ce n'est pas étonnant en fait, finalement, avec le passé de son père… Et donc, il fait ce trajet qui commence à Dakar à ce qu'on appelle le camp des Madeleines, le camp des joyeux et des tatoués. Là-bas on rééduquait les Blancs qui ne marchaient pas bien. On les envoyait là-bas pour leur montrer comment bien marcher et éventuellement les utiliser pour mater de la nation nègre plus ou moins à côté. Il se pose dans ce camp-là et plus tard il a de la promotion très vite parce qu'en fait, il participe volontiers aux actions sur le terrain. Pour faire court, pour faire dans l'ellipse cinématographique, il réussit à convaincre Faidherbe de financer une expédition en Afrique de l'Ouest qui a pour but de relier les colonies du Mandingue au Sahel avec celles de la forêt du golfe de Guinée : de Bamako à Grand-Bassam et Assinie. L'objectif est de faire la tenaille et couper en chemin l'herbe sous les pieds aux Anglais qui attaquent par la Gold Coast, la Côte de l'Or juste à côté. Il convainc, il se fait financer ce grand voyage-là. Une balade à pied. Une belle balade qui va durer deux ans. Deux ans pendant lesquels, entre Bamako et Assinie, il va signer un certain nombre de traités. Ce n'est pas compliqué. Il arrive. Il ne devait pas être bien fringant en plus. Quand il arrive, il est sale, ça fait des mois qu'il marche. Il a des porteurs, mais ces porteurs ce ne sont pas ses esclaves. Ce sont des employés qui viennent là. Bah oui, le Blanc il veut qu'on vienne là, qu'on marche, qu'on porte ses trucs et il va nous payer après donc on y va. Ils le suivent ce gars-là dans son périple qui part donc de Bamako. Et l'objectif au milieu de ça, c'est de trouver la cité de Kong dans laquelle René Caillié était passé déguisé en Arabe. C'était une bonne époque d'ailleurs. À cette époque, ils se déguisaient parce qu'ils avaient un peu peur quand même. L'idée c'est d'arriver à Kong qui, dans l'imaginaire populaire, est la ligne de répartition des eaux entre le grand Joliba, le fleuve Nigger et l'océan Atlantique. Il arrive à Kong après un an de marche. Je vous passe les diarrhées hémorragiques auxquelles il a survécu. Donc le gars n'arrive pas fringant, mais quand même… quand même il tend le bras avec ce putain de traité « mettez-vous sous la protection de la France ». C'est comme ça qu'il arrive à Kong en 1891. Et c'est au nom de ce voyage que la Côte d'Ivoire est devenue une colonie, une colonie française. Il a donné…

En 1893, la colonie de Côte d'Ivoire est décrétée ici, pas très loin (cf. Collège de France vers l'Assemblée nationale). Elle est décrétée ici. On ne sait pas qui est là-bas, mais c'est pas grave, le type il est venu avec les petits papiers. C'est bon, y a la croix qui va avec. Ce n'est pas grave, ça appartient à la France. Ils votent ça ici. En 1893, Binger, de façon naturelle, est nommé comme le premier gouverneur de la République… enfin, de la nouvelle colonie de Côte d'Ivoire en Afrique de l'Ouest.

La nouvelle colonie française. Voilà comment on donne trois cent vingt-deux mille kilomètres carrés de plus à l'Empire avec tous les négros qui traînent dedans. Voilà comment ça se passe. Moi c'est ça que je vois. C'est ça que je dis à mes amis. « Voilà qui est Binger, mais vous, vous ne le connaissez pas. » À Abidjan non plus, on ne le connaît pas. C'est vraiment parce que moi j'ai mouillé le maillot que je sais si bien qui il est. C'est hyper important. Et, en mouillant le maillot, pour savoir qui il est… je fais juste une parenthèse pour parler de l'année dernière…

L'année dernière, en 2015, était le centenaire de l'un des plus éminents professeurs du Collège de France dans lequel on se trouve en ce moment. Il a probablement bavardé à ce pupitre, il a probablement donné des leçons, ses formidables leçons de sémiotique, il les a probablement données dans cette salle-là. 2015, le centenaire de Barthes. Roland Barthes. Dans toute la France, toute l'année, il y a eu plein de sortes d'articles sur lui, toute l'année… des séminaires, des colloques à n'en plus finir. *La Chambre claire*, j'ai été obligé de la relire quatre ou cinq fois pour suivre les actualités. Le Centenaire de Roland Barthes. Y a même eu ce roman où on imagine ce qui s'est passé quand il a mangé avec Mitterrand avant de se faire renverser par cette maudite estafette. Tout le monde connaît ça, l'histoire de l'estafette, de Barthes et tout ça… et toute l'année durant, nulle part je n'ai entendu ceci…

Barthes, sa mère s'appelait Henriette. Henriette Binger. Binger. Le grand-père de Barthes a donné… C'est formidable, ça donne de l'espoir… Et l'Afrique s'écrit dans ce qu'on ne dit pas. C'est ça le truc. Personne. Personne ne s'est dit que c'était son premier petit-fils, personne ne s'est dit que cet homme, ce fils de colonialiste… à la limite, ce n'est pas un hasard s'il a développé un tel sens de la sémiotique, de la valeur du mot. Ce n'est probablement pas un hasard, c'est probablement en dansant sur les genoux de son grand-père baladeur qui avait des rêves de Kong. Personne n'a jamais mentionné ça. Absolument personne. C'est vrai qu'il y a quelques spécialistes qui le savent. Mais qu'en est-il de la doxa, de vous, de nous ? Qu'en est-il de nous qu'on veut éduquer ? En montant comme ça Barthes toute l'année, en le montant au parangon de l'intellectualisme, de la réflexion française. Ce mec a modelé la pensée, la manière de parler, personne n'a dit que son grand-père a donné la Côte d'Ivoire à la France. Personne ne dit qu'il a écouté les voyages, les récits… que c'est dans la musique des récits de son grand-père qu'il a appris certains mots. C'était le petit-fils chéri en plus, celui qui n'avait pas un papa très présent, celui qu'on faisait danser sur les genoux. C'est important. Ce n'est pas dit, mais c'est hyper important dans l'œuvre de Barthes son ascendance coloniale. Moi, mon Afrique d'aujourd'hui s'écrit dans ce que l'Histoire ne dit pas, dans ce que l'Histoire ne dit pas des rêves de Kong, dans ces gens qui avaient la francité houspillée par l'Alsace et la Lorraine. 1871, il est devenu allemand, le gars ne savait même pas parler français… il a commencé par un « bloubigoulba » proto-germain avant de savoir parler français. C'est celui-là qui a donné… L'Histoire, l'Afrique d'aujourd'hui se doit de s'écrire dans ce que l'Histoire ne dit pas. Savorgnan de Brazza, ça ne vient pas du Loir-et-Cher. En voilà un autre à la francité houspillée. Tous ces gens, tout cet apport de ces gens à la francité pas claire, qui ont apporté l'Empire à toute la France et dont on ne parle jamais.

Les rêves de Kong de Binger, il ne savait pas qu'il allait à la recherche du confluent de toutes les eaux et des cultures et ça a donné nous tous ici présents. Continuons de rêver, l'Afrique a été colonisée par ces rêves-là, on va la décoloniser en rêvant aussi. Merci.

Jouer l'Afrique

Résistance théâtrale

par Dieudonné Niangouna

D'abord Théâtre. Un art de construction. Geste qui fonde l'autre en révélant l'être à soi par effet miroir. Théâtre mais surtout jeu et enjeu. Tout est dans l'acte de son temps. L'acte que le temps accorde. Dire et ne jamais refaire. Faire et ne jamais reproduire. Comme disait René Char : « L'acte est vierge, même répété. »

Mais comment inventer un art qui est venu chez moi en bateau avec la pénétration portugaise et la colonisation française, je veux dire en même temps que la syphilis ? Comment continuer un geste déjà accompli dans une langue, une forme on dirait achevée, avec des techniques bien définies et des notions bien précises ? Comment le théâtre peut-il être dans un corps africain un art qui ne soit pas emprunté ? Un art qui ne se distingue pas de nous ? Le fait que le théâtre soit le lieu magique où la pensée se réalise dans le corps pour signifier son accomplissement prouve la virulente question de la langue au théâtre. Car le chemin que fait la pensée dans le corps de l'acteur doit impérativement transformer le verbe en chair, et en temps réel, devant des spectateurs et sans trucage. Alors comment cela se peut-il avec des mécanismes d'emprunt ? Comment arriver à pratiquer le théâtre chez nous et non le théâtre de chez nous ?

Notre avantage premier reste notre double inconstance. Celle-là même qui nous permet d'avoir une grande capacité d'adaptation. C'est ce qui fait naître en nous quelque chose d'assez dément que j'appellerai ici « l'art du situationniste » avec tous ses avantages puisés dans des esthétiques de précarité.

Nous ne pouvons donc être achevés comme théâtre, nous ne pouvons que commencer chaque fois à interroger pour la première fois chaque fois, une nouvelle matière chaque fois. Sinon comment continuer avec un geste en conserve dans un corps en perpétuelle mutation ? La réponse serait : en cherchant ce qui en nous fait théâtre. Bien sûr. Seulement quel théâtre ? Celui qui est venu en bateau ? Ou le pseudo- « contemporain » qui est arrivé en avion-cargo avec la démocratie à bord et les guerres civiles des années 1990 ? Il faut bien comprendre et saisir ces deux théâtres de pénétration occidentale : le théâtre précolonial avec ses bateaux et le théâtre postcolonial avec son pseudo- « contemporain » des hégémonies. Il faut bien les comprendre pour savoir les quitter afin de créer son acte à soi. Car il faut bien se dévêtir de toutes les influences qui n'éprouvent pas la matière pour développer l'être. Jouer c'est éprouver la matière pour faire évoluer l'Homme. Et continuer à jouer c'est développer cet être-là, l'humain !

Premier round : partir de soi et se nourrir de toutes les influences pratiques jusqu'à ce qu'elles soient pétries en instinct du jeu, c'est-à-dire dans la jungle du corps, pour inventer son propre langage. Et c'est seulement par l'exercice du langage que la langue pourrait être dépassée dans le jeu et je. Le développement des théâtres des Afriques comme formes d'expressions dramatiques est d'abord une question de dépasser la langue puis le carcan des étiquettes. Alors, il ne faut jamais s'installer dans un rêve autre que celui d'accoucher d'un acte propre à soi puis chercher sans cesse à dépasser le soi.

Pour faire du théâtre en Afrique il faut boxer la situation. La boxer aller-retour. La boxer très bien pour s'échapper du piège colonial, car pratiquer l'acte à travers une corde qui ne soit pas sienne au départ n'est jamais aisé et reste éminemment un faux jeu et établit un faux rapport avec « l'ici et le maintenant ». Et c'est justement là le clou de ce premier round : boxer la langue pour y inscrire sa marque. Cela en réinventant le jeu. En réinventant le système par le langage : dépasser les *a priori* dus à toute forme d'exotisme, dribbler les attendus, prendre des sentiers pas battus, lutter contre toute forme d'injonction dramatique à commencer par celles des théâtres bien-pensants et certifiés conformes, ne jamais emprunter une expression, ne pas se laisser accaparer, ne jamais devenir une simplicité à définir, éviter la fixation des idées, ne jamais choisir la facilité, provoquer un sens aigu de la réinvention, dépasser le passé raconté que certains ont appelé « Théâtre africain ». Être en laboratoire incessamment. La véracité des expressions qui découlent de cette étrange façon de penser le théâtre est bel et bien un moyen efficace de repousser à plus tard la mort de la vie. Expressions qu'on retrouve de manière fortement prononcée chez l'auteur-metteur en scène Martin Ambara du Cameroun avec son laboratoire de théâtre de Yaoundé, OTHNI. Un théâtre qui se bat à tout prix pour réinventer le fond et la forme en installant un système qui lui permet de ne pas s'enfermer pour devenir l'art de la mise en abyme du théâtre par le théâtre.

C'est de la *Fight* ! Boxer ! Boxer ! Boxer la situation !

Deuxième round : réinventer une forme de francophonie qui ne soit que le propre de sa respiration. Et faire en sorte que les autres, c'est-à-dire ceux qui sont en face, le public donc, s'y retrouvent. Alors là s'accroît l'éternelle difficulté des théâtres d'Afrique : se faire accepter, en Afrique comme ailleurs, en étant la même chose, ça veut dire que tout le monde s'y retrouve. Les théâtres des Afriques que je nomme ici « formes d'expressions à dramaturgie très variées des Afriques en rapport à l'Histoire et suivant les expériences différentes de la langue dans son corps » se trouvent pris en otages par les vestiges esthétiques qui fixent les critères de son économie.

Et comme cette chose, le théâtre, fait de nous, corps des Afriques sur scène, des monstres de Frankenstein : assemblage d'univers, formes bâtardes, iconoclastes à souhait, voyous va-nu-pieds des scènes alternatives, raison des hybridations des sens, cela nous donne un second avantage dans l'art de feinter l'économie du spectacle. Voyant cette fournaise de jubilation à la merci de la liberté de créer, la politique attaque ! Et ça, c'est encore de la *Fight*.

Troisième round : ne pas fléchir devant l'inquisition des politiques castratrices. *Yes !* C'est la troisième dure réalité qui nous met en position de jouer des Afriques en une Afrique qu'on te flanque à la gueule comme une tarte. Et la politique continue de s'en mêler mais purement dans le mauvais sens. D'abord parce qu'on parle du « Théâtre », donc d'un mouvement qui n'est pas la représentation fidèle des cultures traditionnelles et en plus qui est loin d'être le sport national. La tendance politique a toujours été de mettre le théâtre au pas, comme ustensile de propagande pour des programmes politiques et griots du gouvernement en place. Mêmement que le prétexte d'en faire un organe d'intervention social, religieuse ou éducative. Mais toutes ces tentatives n'ont réellement qu'un seul but : détruire en nous ce qui fait théâtre, c'est-à-dire le processus de l'invention de soi. Ils tiennent absolument à détruire le « soi » pour mettre à sa place le diktat. Et comme l'économie du spectacle dramatique est inexistante dans le continent et que son rapport à l'Occident est soit très postcolonial avec toute son hégémonie au contemporain, soit très mercantiliste avec toute la mafia de la corruption d'esprit, mais très souvent les deux à la fois, écrire et jouer l'Afrique devient déjà une mise en exposition de sa propre situation, une mise en hécatombe de la raison de faire théâtre ici et maintenant. Faire du théâtre devient déjà tout un théâtre. La nécessité se joint à l'utilité et de fait l'urgence est de mise. Écrire et jouer devient de fait écrire et jouer l'Afrique. Et c'est ainsi que naît la résistance théâtrale.

Le théâtre s'en va en guerre. C'est un petit chiot sauvage qui ne sait pas se tenir et surtout qui ne voudrait pas savoir se tenir.

C'est un petit chiot qui ne la ferme jamais. Hier il a gueulé à la table des seigneurs, aujourd'hui il nargue le monde sur un monticule de poubelles, demain il lèvera la patte dans un bar. Il ne veut pas être scellé et mis en bière. Il ne la ferme jamais. Le théâtre ne la ferme jamais. Ce théâtre ne la ferme jamais. Parce qu'il est sans cesse en survie contre ceux qui l'ont voué à disparaître et qui s'acharnent à vouloir le tricoter autrement. Sa manière de jouer est une bataille. Tout le sens de son jeu est une arme. Sa façon de gueuler s'apparente à ce que les Grecs appelaient « le courage de la vérité ». Et il porte cet élan de générosité pour exprimer la soif d'une victoire certaine. Ce théâtre est justement à l'opposé des enchantements connus dans la période postindépendance où il était question de magnifier le rêve africain et de rester dans une étrange masturbation du futur qui chante. Mais ce théâtre d'aujourd'hui n'est pas une utopie. Il n'est pas non plus un chant de lamentation généré par le pessimisme ambiant des Afriques qui déchantent, c'est un champ de bataille pendant la bataille. Nous sommes en train de traverser une période très décisive ! Après la chute de tous les systèmes, il nous est plus qu'urgent d'inventer son propre théâtre et qu'il faut sans cesse armer d'une farouche impétuosité afin de décoloniser les esprits, dépigmenter les gestes, « démélaniser » les expressions, et en avant pour ce théâtre qui n'a jamais été !

Cet étrange paysage dans lequel nous sommes rentrés, cet inconnu qui fourvoie les certitudes et déplace les connaissances, nous met en porte-à-faux avec les industries de théâtre qui sont les salles, les festivals et les institutions qui, pour des raisons de garantir une soi-disant paternité, s'arrogent le droit de vouloir faire croire que ce sont eux qui fabriquent la pensée et de ce fait toute autre qui ne serait pas sortie de leur petite tête n'a pas le droit de faire preuve d'existence donc d'acter, d'être théâtralement. De la méconnaissance de la fabrique de nos théâtres et sa non-acceptation catégorique, ces industries économiques et postcoloniales sont passées à des formes de censures. Censures qui s'entendent par des raisonnements de clivage et des cooptations où des jeunes, avant d'être artistes, sont appelés à être modelés, fabriqués et pire déformés pour jouer les soldats de tel ou tel système. Rapidement ils deviennent des produits très vendables et sont cités comme des stars afin de pouvoir influencer leurs sœurs et frères qu'ils vont coopter à leur tour pour les acheminer dans la maison du négrier. Donc, nous sommes devant des formes de déshumanisation de la pensée artistique où la désertification de l'art en l'être et la « désartistation » des projets culturels prennent d'assaut l'espace public pour s'appeler des sauveurs de la misère. Écrire et jouer cette double relation de l'équation africaine dedans et dehors nous impose de traiter la matière par un esprit d'analyse qui ne peut simplement plus se suffire au fait d'être africain ou de parler de l'Afrique, encore moins de parler depuis l'Afrique. L'Afrique ne peut plus se satisfaire à chaque fois de n'être vue et entendue que dans son ventre continental. D'où la grande force des dramaturgies de la diaspora dont Koffi Kwahulé est un parfait exemple de transcendance.

Quatrième round : du ventre, des Afriques se déchirent.

J'ai créé un festival international de théâtre à Brazzaville en 2003. Le festival Mantsina sur scène. Et en douze ans de festival je vais vous dire ce qu'il s'est passé : « Ta gueule », voilà ce qu'il s'est passé. « Si vous voyez un comédien bouffez-lui les couilles », voilà ce qu'il s'est passé. « Mais monsieur Niangouna, on ne peut financer votre festival car c'est de l'importation tous ces théâtres contemporains que vous nous emmenez ici. Et l'importation est un mal pour notre pays et pour l'ensemble du continent africain. Voilà pourquoi en tant que ministre de la Culture et des Arts, je lutte contre vous, monsieur Niangouna », voilà ce qu'il s'est passé. « Le comédien Fortuné Batéza a encore soulevé le débat sur l'existence d'un théâtre africain », voilà ce qu'il s'est passé. « M. l'ambassadeur de France a quitté la salle dès les dix premières minutes du spectacle », voilà ce qu'il s'est passé. Et c'est ainsi que les subventions nous furent retirées. « Théâtre ? C'est quoi ça théâtre ? Vos grimaces que vous faites là comme des singes ? Et vous voulez que le ministère de la Culture et des Arts du Congo vous donne de l'argent pour ça ? Mais vraiment vous nous prenez pour des Blancs, hein ! », voilà ce qu'il s'est passé. « Dieudonné Niangouna et Abdon Fortuné Koumbha jouent le jeu des Français », voilà ce qu'il s'est passé. « La mairie de Brazzaville ne peut pas aider deux festivals dans une même ville la même année ! », voilà ce qu'il s'est passé. Et le conseiller culturel du président de la République du Congo qui m'avait laissé entendre : « Mais enfin, jeune homme, qu'est-ce que vous cherchez derrière vos histoires de théâtre ? Prendre l'histoire de force ou s'en mettre plein les poches ? », voilà ce qu'il s'est passé. « Jeune homme, je vous conseille de changer de boulot ! », voilà ce qu'il s'est passé. Et l'autre qui s'était exclamé derrière son bureau : « Pendez-moi ce comédien ! »

Sony Labou Tansi m'avait appris à casser le mur. Muhammad Ali à boxer la situation et ma grand-mère qui était conteuse et rebouteuse me disait : « La plus belle façon pour aller d'une commissure des lèvres à une autre commissure des lèvres c'est de contourner la tête en passant par la nuque. » Faire du théâtre en Afrique est un acte de résistance contre toute forme d'injonction à flot rapide, contre toute forme de dictature, contre toute sorte de léthargie, contre les apathies des systèmes tortionnaires, contre les ambiances d'endormissement, contre les menaces, les interdictions, les censures, les exils forcés et les propositions de propagandes, donc contre toute forme de sous-développement mental. « Les guerres se succèdent mais l'âme du guerrier reste invincible. » Tupac.

Mais jouer l'Afrique aujourd'hui, c'est surtout quitter le complexe africain afin de libérer le jeu du regard voyeuriste et de la conception du spectaculaire sauvage. C'est savoir choisir des alliés en Occident, en Afrique et partout ailleurs. C'est comprendre que tout acte posé sur scène doit affranchir le théâtre de ses vieux diables enfermés dans le placard. C'est un défi et il faut être fier de le porter car il n'y a pas plus courageuse façon d'être au monde que celle de lancer le monde à la face du monde.

C'est une guerre qu'on ne peut gagner qu'en attaquant de différents fronts. Ouvrir le plus de fronts possible et changer à chaque fois la stratégie de bataille propre à chaque front pour ne pas se laisser accaparer. C'est la guerre ! C'est la guerre ! C'est la guerre ! Il faut boxer ! Boxer ! Boxer la situation !

Aujourd'hui nous vivons les affres de cette guerre avec l'absence des Noirs aux Molières, aux Oscars, à la direction des centres dramatiques nationaux, dans des grands festivals de théâtre comme le festival d'Avignon, le Festival d'automne, etc. Le théâtre doit encore dépasser le taux de mélanine. C'est bien là le clou du quatrième round : s'affranchir des frontières.

Penser, écrire, inventer le jeu et jouer au-dessus de la mêlée formée par la situation pour bien la boxer. Être et toujours être plus intelligent que la situation. Il faut se bouger pour déplacer le soleil. Le courage consiste à s'inventer. Et ces esthétiques que je revendique de « précarité » se déplacent pour s'inventer autrement.

Partant de ce refus d'être à l'endroit où l'on voudrait nous assigner, toutes formes de théâtres sorties de nous acteurs, metteurs en scène et dramaturges ne peuvent plus être complaisantes, complexées, empruntées, ou encore piégées dans le rêve d'un autre. Elles se dessinent en originalité parce que chacun en soi est un roc. Finies, les années de plaintes, de futiles espérances où nous attendions Godot dans le hall du Centre culturel français en se cramant les yeux devant l'écran géant. C'est fini ces histoires d'attendre l'atterrissage d'Air France en se disant : « Sûr qu'un metteur en scène français arrivera nous embarquer dans un projet pour le Festival des Francophonies à Limoges. » Il n'est plus question de théâtre ici puisqu'il est bien question de théâtre, comme je le dis souvent à mes stagiaires : « Ne faites pas du théâtre. Faites. Et on appellera ça du théâtre. »

L'art de la performance tient fortement une place importante, comme espace d'engagement, aujourd'hui auprès des créateurs africains vivant en Afrique. Créateurs qui vivent des situations complexes. Et ces situations font entendre autrement les expressions dramatiques, très souvent en opérant un détournement du langage artistique. Ce sont des manières d'écrire l'Afrique en assumant un langage qui donne rendez-vous ailleurs ; c'est le cas des travaux des performeurs Christian Etongo et Snake Raoul Zobel, tous deux du Cameroun.

Nous observons également différentes expressions à dramaturgies très variées qui, partant d'un endroit précis, rendent compte de la globalité. Tel qu'on le constate dans les travaux du dramaturge, metteur en scène et comédien du Burkina Faso Aristide Tarnagda, notamment dans *Et si je les tuais tous, madame ?* Ou avec le dramaturge, metteur en scène et comédien du Congo-Brazzaville Julien Mabiala Bissila dans *Au nom du père, du fils et de J. M. Weston*, dramaturgie qui sème le fil narratif de l'histoire où le jeu se joue de l'enjeu pour le dépasser et le façonner sans cesse à sa guise. Sylvie Dyclo-Pomos, également dramaturge, metteur en scène et comédienne du Congo-Brazzaville, opère quant à elle une dramaturgie de la frontalité à l'intérieur d'un langage poétique, le cas de sa pièce *Coma Bleu*.

Le grand dramaturge togolais Kossi Efoui dit : « J'écris par ruse. » La dramaturgie de son chef-d'œuvre *La Malaventure* est un réel plan d'évasion.

Dans ma pièce *Le Kung-fu*, je crie cette colère : « Arrivé à un niveau de combat une question s'impose : l'exil ou la mort ? Eh bien, moi j'ai choisi ni l'un ni l'autre. Il n'y a pas d'exil pour moi, il n'y a pas la mort, il n'y a que des esquives. » La malignité arrive par la mise en scène pour effacer les traces et brouiller les pistes.

Cinquième round : il faut toujours arroser la pépinière. Force et courage à la relève car cette guerre se gagne au futur. Et le futur vient de notre façon de jouer. Rien ne dépassera la taille de l'engagement que tu portes quand tu te planteras sur la scène fort comme un baobab nourri de toutes les histoires qu'il loge sous son ombrelle. Nous ne parlons pas que des hommes du théâtre. Nous parlons bien sûr du théâtre des hommes.

Femme ou femme africaine ?

par Lucy Mushita

Avant d'arriver en France, j'étais tout simplement une femme. En arrivant dans ce pays, il m'a fallu quelques mois avant de comprendre qu'ici je n'étais pas juste une femme : j'étais une femme africaine…

Cette femme africaine, que j'étais paraît-il, je ne la connaissais pas. Je l'ai découverte ici. Et pour compliquer l'affaire, ladite femme africaine n'était pas toujours la même en fonction du sexe de la personne en face. Et comme j'aurais préféré avoir mal compris ce qu'on me disait, j'ai mis du temps avant d'accepter la réalité des choses.

J'ai découvert que pour les hommes j'étais, entre autres, une « chaude lapine », une « grande danseuse » qui savait remuer son derrière, et surtout « une gazelle », toujours avec l'adjectif « africaine » qui suivait, laissant peut-être penser qu'il y avait également des gazelles « européennes », « asiatiques », et que sais-je encore.

La femme africaine que j'étais supposée incarner serait sexuellement très active. Au début, puisque je ne comprenais pas encore tout ce qu'on me disait – mon français laissait beaucoup à désirer –, je masquais ma confusion dans un sourire plus ou moins niais, une tactique que j'utilisais d'ordinaire lorsque je ne saisissais rien et que je ne pouvais plus répéter « Pardon ? ». Mais cette astuce s'est révélée, malheureusement, préjudiciable à mon égard.

Un exemple : j'arrive un lundi à l'école primaire pour déposer mes deux enfants. Je trouve M. Jacquot, ouvrier d'entretien dans l'établissement. Nos deux filles sont dans la même classe et nous habitons la même rue. Il arrive que nos filles rentrent ensemble de l'école. Je lui dis bonjour, et nous nous échangeons les banalités du lundi matin lorsque M. Dupont, parent et professeur de judo, arrive avec sa fille. Sans crier gare, il lance :

– Attention ma gazelle, ne te fais pas embobiner par ce magouilleur de Jacquot, c'est un bon à rien. Reste avec moi et t'iras loin. Moi je t'emmènerai au ciel. Et je parle du septième ! T'as compris, hein ?

C'était la première fois qu'il m'adressait la parole. Déboussolée, j'affiche mon sourire niais, et l'homme enchaîne :

– Ah, l'allumeuse ! Regarde-la, elle fait semblant de ne rien comprendre ! Mais je vous assure elle sait des choses, hein ma gazelle africaine ?

Il parle à haute voix, avec des gestes bien précis, sans se soucier de l'entourage – il y a sa femme et mes enfants à côté.

Notre conversation courtoise avec M. Jacquot s'arrêta là, et l'ouvrier se mit à balayer vigoureusement le sol pendant que je m'éclipsais dans ma voiture, m'en prenant à moi-même car je m'étais laissé faire. Le sentiment de la honte me rendait complice. Et j'avais la certitude que désormais son épouse ne me lâcherait plus d'une semelle.

Avec les femmes, ce n'était guère mieux. Quand il leur arrivait d'être bienveillantes à mon égard, elles me prenaient pour une nounou ou une femme de ménage :

– J'ai toujours rêvé d'avoir une nounou africaine pour mes filles, et toi Lucy tu es tellement souriante ! Que j'aurais bien aimé t'avoir comme nounou ! Je suis sûre que mes filles seraient plus heureuses avec toi ! J'ai mis une annonce pour une nounou, et une femme prénommée Mme Mvula a répondu. Avec ce nom j'avais cru qu'elle était africaine, mais elle était blanche et française, et c'est son mari qui était africain ! Je me suis fait avoir !

Ou encore :

– Ma copine, elle est super sympa ! Elle cherche une femme de ménage, ça t'intéresserait ?

Et puis il y a les pseudo-intellectuels, hommes ou femmes, les experts autodéclarés de la femme africaine, avec leurs méthodes prétendument… scientifiques. Comme ce monsieur qui déclara au cours d'un dîner que nous avions entre amis :

– Il a été prouvé que les Africains sont aussi intelligents que n'importe quel être humain, n'est-ce pas Lucy ?

Sans parler de cette gentille dame que j'avais croisée il y a dix ans quand je faisais du volontariat chez « Artisans du Monde » à Nancy tous les mardis. Elle rentre dans la boutique, la cinquantaine, souriante et un peu baba cool :

– Je suis ravie de vous voir ! Je viens de passer quinze jours en vacances avec des Burkinabés.

Je contins ma réaction car le client a toujours raison, n'est-ce pas ?

– Maintenant, poursuit-elle, je connais les secrets des femmes africaines ! Vous avez la chair ferme !

– Ah !

– Et les seins qui se tiennent droits.

– Ah !

– Et je vous admire !

Ça alors, une femme blanche qui admire une femme noire !

– Je vous envie sincèrement, car vous ne montrez pas votre âge. Moi aussi j'aimerais bien rester jeune !

Pourquoi pas ? C'est la mode.

– Regardez ma peau, toute blanche, toute fade, me murmure-t-elle. Et mes fesses, regardez-les : elles tombent. Elles ne sont pas comme les vôtres !

Je la regardais, mais dans ma tête je voyais défiler les tantes de mon pays, et aussi les grands-mères bien en chair – chez nous on dit « des femmes aux pneus Michelin ». Je les revoyais sans leur soutien-gorge, les seins échouant jusqu'aux genoux – oui, j'exagère, mais à peine…

Mais la dame revenue du Burkina Faso insistait, et ses mains se rapprochaient de mes seins. Je reculai, mais elle finit par pincer mes fesses, hurlant comme si elle avait trouvé un trésor :

– Voilà !!!

Comme je n'ai jamais bien compris la définition que certains donnent de la femme africaine, la question que je me suis souvent posée n'aura sans doute jamais de réponse : « Pourquoi sont-ils aussi obsédés par mon corps, et surtout par ma sexualité ? »

Il ne faudrait pas chercher longtemps les coupables, et je peux à présent les désigner : l'art et la littérature coloniale.

Comment se fait-il que j'ai lu toute cette littérature sans me rendre compte qu'elle était pour beaucoup d'Européens la seule source d'information sur l'Afrique ? Pire, cette littérature sur l'Afrique avait été écrite en grande partie par les colons de sexe masculin. Il fallait justifier la colonisation : la République était dans le continent noir pour civiliser les sauvages, et l'Église pour leur ouvrir les portes du Ciel. La plupart de ces colons étaient des aventuriers célibataires. Ceux qui ne l'étaient pas laissaient leurs épouses en Europe. Pour se soulager – comme on disait –, ces hommes se rabattaient sur les Africaines, proies faciles. Le gouvernement français fermait les yeux sur la situation tant qu'on ne ramenait pas ces sauvages et leurs bâtards au pays.

En Afrique anglophone, pour limiter cette pratique, l'amour entre Noir(e) et Blanc(he) avait été vite interdit comme on le constata dans l'ère de l'apartheid en Afrique du Sud ou au Zimbabwe.

J'ai donc entrepris de relire cette littérature coloniale, désormais avec un œil différent : *Voyage au bout de la nuit* de Céline, *Au cœur des ténèbres* de Conrad, *La Ferme africaine* de Blixen, *Tintin au Congo* de Hergé, *L'Île au trésor* de Stevenson, et j'en passe.

Et je me suis rendu compte que même dans les cas où l'écrivain dénonçait les travers de la société, l'image de la femme africaine dans un harem, lascive et sexuelle, perdurait encore. Comme si cela ne suffisait pas, les peintres de l'époque ont également nourri cette image : Delacroix avec ses *Femmes d'Alger*, Jacques Majorelle et ses *Beautés noires* ou encore *Modèle nu allongé, une femme noire assise à ses côtés*...

Ces œuvres de Delacroix et de Majorelle sur le Maghreb contrastent avec celles de Marguerite Delorme ou de Lucie Cousturier, deux Françaises pourtant contemporaines de Majorelle. Ce qui pourrait nous amener à nous demander si les hommes ne laissaient pas cours à leurs propres fantasmes de harems. Sinon comment expliquer que chez Marguerite Delorme ou chez Lucie Cousturier on note la présence des enfants dans les harems, alors que dans les œuvres de leurs confrères on n'y trouve que des femmes, en général bêtes sexuelles ? Ce sont pourtant les peintures de ces messieurs qui ornent les musées. Cela pourrait s'expliquer de deux manières :

– les femmes artistes n'avaient pas le même accès aux publications ou aux salons ;

– toutes celles ou tous ceux qui critiquaient l'ordre établi rencontraient des difficultés à se faire publier ou à exposer. Qu'on se souvienne que Denise Savineau fut accusée de n'avoir pas été solidaire avec la mère patrie.

Mais la question reste posée : Pourquoi cette obsession pour la sexualité de l'Africaine ? Parce qu'elle était réputée envoûteuse, taxée de séduire les pauvres hommes perdus dans la jungle – encore fallait-il s'expliquer pourquoi même les chrétiens succombaient à leur charme ! Pour noircir encore le tableau on reprochait à l'Africaine de transmettre des maladies vénériennes aux hommes qui finissaient par contaminer leur gentille épouse européenne. Dans *Out of Africa*, on voit le baron von Blixen repartir pour se faire soigner de la syphilis.

Je me suis parfois mise à la place de ces personnes, me demandant si moi aussi je n'avais pas d'autres connaissances de l'Afrique que celles que j'avais tirées de la littérature, de la peinture dans les musées, n'aurais-je pas cru à ces préjugés ? À la mort de Sarah Baartman, la Vénus hottentote, Georges Cuvier a disséqué son corps et publié un rapport « scientifique » insistant sur les mensurations de ses parties génitales. Ce qui avait évidemment aiguisé la curiosité et l'appétit du monde occidental. D'ailleurs le moulage du corps de la pauvre Sarah Baartman fut exposé au Musée de l'Homme jusqu'en 1974. « Voilà la femelle africaine. »

Il y a du pain sur la planche. C'est à nous tous d'écrire ou peut-être de réécrire cette autre Afrique. Et nous autres les femmes, nous n'avons plus d'excuses à présenter. Nos aînées comme Doris Lessing, Mariama Bâ, Ken Bugul, et les autres nous ont ouvert grandement les portes. Contrairement à Denise Savineau, nous sommes épaulées par une génération d'hommes, qui nous soutiennent et comprennent notre volonté de prise de parole. Allez, aux armes !! À nos stylos ! À nos ordinateurs ! Une Africaine n'est pas toujours une nounou ou une femme de ménage. Elle n'est pas toujours la pauvre troisième épouse. Ses enfants n'ont pas de problèmes scolaires. Ses trois enfants n'ont pas forcément six pères.

Et pour conclure, arrêtez de la tutoyer, arrêtez de l'appeler ma « blonde », ma « gazelle », ou autres sobriquets à la con. Quand bien même elle serait célibataire, elle ne cherche pas nécessairement quelqu'un. C'est peut-être son choix. Eh oui, il arrive qu'une Africaine soit aussi une écrivaine…

Le Moi au miroir fragmenté du Nous

par Sami Tchak

« Écrire l'Afrique » : ainsi intitulé, le sujet séduit en même temps qu'il inquiète. Comment écrire l'Afrique ? Peut-on écrire un continent ? L'écrivain peut-il avoir cette prétention ? Est-ce là son rôle ? Certes, en puisant dans les réalités les plus générales de leurs sociétés, les auteurs africains, les meilleurs comme les moins doués, offrent-ils à percevoir à leurs lecteurs, à partir de ses spécificités, de ses diversités et de ses relations au monde, une certaine Afrique, leur Afrique.

Ainsi, a-t-on l'impression d'en savoir plus sur ce continent lorsqu'on lit des textes comme *Nedjma* de Kateb Yacine, *Le Monde s'effondre* de Chinua Achebe, *L'Aventure ambiguë* de Cheikh Hamidou Kane, *Les Soleils des indépendances* d'Ahmadou Kourouma, *La Vie et demie* de Sony Labou Tansi, *Aux États-Unis d'Afrique* d'Abdourahman Waberi, *L'Accordeur des silences* de Mia Couto, *Au cœur de ce pays* de J. M. Coetzee…

Ces textes constituent comme des éléments d'un puzzle dont la reconstitution permettrait d'obtenir un « Nous » décliné en « Afrique », « Africains », « Dictatures africaines », « Indépendances africaines », etc.

Cette lecture, démarche de tant d'universitaires confirmés et d'étudiants en littératures africaines, tend cependant à dresser une sorte de cartographie des problèmes auxquels se confronte le continent africain. Or, avec une telle approche, l'on court le risque de réduire l'œuvre littéraire à un document, à une source d'éléments de confirmation des idées convenues. Aussi nivelle-t-elle en général par le bas : tout vaut tout, l'essentiel étant moins l'originalité des esthétiques que la nature du matériau fourni (même le plus médiocre des prosateurs peut nous donner quelques informations sur l'état de son pays). Ainsi, l'Afrique comme sujet littéraire inspire-t-elle à bien des spécialistes et des écrivains une pléthore d'essais et d'articles cousus de citations puisées jusque dans des romans d'autant plus intéressants que leur indigence sur le plan littéraire, intellectuel et philosophique les rend faciles à assujettir au besoin de « rajeunir » des thèses éculées ou de circonscrire des champs d'études faussement novateurs, genre « L'Afrique vue par les écrivains de la nouvelle génération », « Mondialisation et postcolonie dans les romans des écrivains de la migritude », « Afrique rêvée et Afrique réelle dans les romans des écrivains africains de la postcolonie », « L'Afrique des écrivains postgénocide des Tutsi du Rwanda » et bien d'autres thématiques tournant autour du même pivot : Afrique.

À partir du moment où tout un continent est érigé en principal objet littéraire, c'est le statut à la fois de l'œuvre et de l'auteur qui s'en trouve atténué, voire carrément nié. Bien des écrivains africains eux-mêmes, certains sans doute influencés par les discours récurrents sur eux, s'octroient le statut de spécialistes de tous les problèmes dont souffrent leur pays, leur continent. Avec un sérieux risible, peuvent-ils ainsi propager des clichés, ou (devenir) des caricatures, pour le bonheur d'un « public averti » qui se réjouit d'entendre ce qu'il veut entendre, c'est-à-dire ce qu'il a déjà entendu mille fois ? S'impose alors la désagréable impression d'une certaine complaisance, d'une certaine condescendance, envers ces littératures de la part de nombre de leurs spécialistes et de leurs consommateurs. Des littératures auxquelles on ne demanderait pas grand-chose sur le plan strict de la création…

En tous les cas, cette lecture, qui fait de l'Afrique le sujet de l'écrivain, permet rarement d'envisager les œuvres littéraires sous un angle purement littéraire, donc à partir de critères esthétiques, de la singularité d'un univers, de l'originalité d'une vision du monde. Pire, elle dispense en général d'interroger le moi profond des auteurs, le moi universel de leurs personnages. On les renvoie rapidement à leurs prétendues spécificités pour les exclure implicitement de l'universel. Or, les véritables sujets des écrivains, derrière l'extrême variété des contextes géographiques, historiques, politiques, sociaux, culturels, etc., se ramènent à des invariants de la condition humaine (la mort, l'amour, la maladie, l'angoisse, le rêve, etc.), des invariants dont le traitement dépend du talent de chaque auteur (l'écrivain, même lorsqu'il s'éloigne de la démarche autobiographique, écrit à partir de soi, puise au plus profond de soi, pour faire entendre une voix nourrie d'échos variés qui, tous, concourent à produire une harmonie, une mélodie remarquable au cœur d'un concert global).

De la part de certains auteurs africains, ces écritures existent, ces démarches existent, mais, rarement, elles échappent à la lecture « holiste », on les ramène rapidement au « Nous », à « L'Afrique », et on rate ainsi l'occasion d'explorer des vies à partir des destins individuels (l'universel se situe plus densément au cœur des individus lorsque ceux-ci ont été profondément explorés, lorsqu'a été interrogé ce qu'ils ont de strictement spécifique et d'absolument humain). D'où qu'ils écrivent, les écrivains, les bons, nous ouvrent toujours les chemins vers leur moi et vers notre commune et touchante humanité. Par-delà la diversité des éléments factuels dont ils se servent (éléments qui, loin d'être un simple décor, déterminent aussi des psychologies, des destins), les vrais écrivains donc nous parlent profondément d'eux et de nous.

Lire et écrire l'Afrique, ce serait aussi se rappeler qu'un écrivain est surtout un écrivain, a pour sujet la condition humaine, que lorsqu'il ne parvient pas à explorer celle-ci avec originalité, il passe à côté de ses propres prétentions ou usurpe même son statut d'écrivain.

Or, à tout ramener au Nous, à L'Afrique, l'on court le risque de sanctifier même (et plus facilement) la médiocrité.

Afroptimisme

par Marc Alexandre Oho Bambe
dit Capitaine Alexandre

Note : ce texte a été « slamé » par son auteur en cloture du Colloque.

Je crée
Résiste
Écris

Parce que la vie passe plus vite que les vacances d'été, parce que je refuse d'échouer comme une vague vomie par l'océan tumultueux, parce que je rêve de vallées inviolées, parce que j'entends des berceuses insomnieuses et les hurlements silencieux d'hommes et de femmes insoumis en sursis, parce que je sais que je ne sais rien ou si peu, mais que le temps ne me reviendra pas si je recule, ne m'attendra pas si j'hésite, parce que je me sens prêt, à essuyer toutes les tempêtes, parce que j'exige que soient rendues leurs ailes aux enfants êtres-anges, parce que je me souviens du futur, parce que je n'oublie pas, parce que je ne peux oublier, ni le ventre qui m'a porté, ni le sein qui m'allaita, Afrique, ô mon Afrique, je reste planté là, debout digne digne et debout, comme un vers de lumière de Césaire exhortant

À se garder

« De rester les bras croisés
en l'attitude stérile du spectateur... »

Mon Afroptimisme est un cri d'orage, contre le désespoir et la fatalité.

Mon Afroptimisme est un rêve acide et lucide, un combat contre l'ombre et les ténèbres.

Mon Afroptimisme est un chant collectif, enragé de douceur et teinté d'espérance sublime.

Mon Afroptimisme est une ville-poème-coupée-décalée-du-monde.

Ici

On partage
Le manioc et l'igname des jours
Les sourires vrais qui chantent l'amour
Le soleil de l'art
Et la clarté de l'âme
Musicienne
Qui ose toujours

Ici comme ailleurs pourtant
La misère tutoie les petites gens
Mais les cases restent grandes ouvertes
Aux anges et aux passagers des vents
Voyageurs
À la recherche du Temps
Et du sens perdu

Nos différences osent, fraternisent et causent
En connaissance de cause
Et chaque instant s'éternise en prose
Dans l'éloquence du silence
Des poèmes cachés
Sous nos paupières closes

Ici
On partage
La pamonia, le tapioca
Dans des maisons-aquarelles de lumière
Et le maïs acheté au bord des routes
À la saveur inénarrable
Des certitudes qui chassent l'ombre
Des doutes

Il n'y en a aucun

Je me sens chez moi ici
Je suis chez moi aussi
Ce n'est pas moi qui le dis
Mais la cachaça, le rhum, le jurançon, la castel de l'amitié
Et ces nouveaux frères qui m'accueillent
Et m'invitent à lever mon verre et trinquer
À la beauté rebelle
Des lunes orangées

Chaque vers de douce heure exaltée
Délie nos langues exsangues
Délivre nos songes d'été
Consacre nos versets secrets

En oraisons de bonheur sacré

Effluve et floraison
De mots bohèmes accrochant l'horizon de ma déraison

Qui s'aime et aime l'autre comme lui-même
Sème autour de lui espérance et bonté
Parle et parsème son chemin
D'éclats d'humanité

Le monde va mal
Certes

Mais *por favor*
Permettez-nous
De nous saouler
D'images
De fous rires et sourires
De visages paysages
Farandole de souvenirs
De joie
Arrachée aux années qui défilent et filent
Vers l'éternité qui tremble
Et semble
Vouloir nous dire
Encore
Qu'au dernier soir sur cette terre
Pour chacune et chacun d'entre nous
Avant la mort
Il ne restera que la douleur
Ou la douceur

La délicatesse

La tendresse des heures et des moments fulgurants

Tempos incandescents

Moments de vie-ensemble

Ici Césaire souriant
Apostrophe Senghor, Damas et Alioune Diop
Ils boivent Black Label et refont notre monde
Avec Breton, Neruda, Genet, Fanon, Darwich, Camus et Glissant

Ici Nina forme un trio avec Billie et Myriam
Elles enchantent toujours les âmes
En chantant leur blues
Ici les hommes ne crient plus
Ils dansent avec les ours
Et tiennent au creux de leurs mains magiciennes
L'art, la beauté des saisons

Courtes notices biographiques des contributeurs

Achille Mbembe
Philosophe, politologue, historien, University of Witwatersrand, Johannesburg, et Duke University, Durham (Caroline du Nord)

Célestin Monga
Écrivain, économiste, directeur général adjoint de l'Organisation des Nations unies pour le développement industriel

Françoise Vergès
Docteur en science politique de l'Université de Berkeley, Californie, et professeur titulaire de la chaire « Global South(s) », Collège d'études mondiales, FMSH, Paris

Séverine Kodjo-Grandvaux
Philosophe, ancienne directrice des pages « Cultures & Médias » de *Jeune Afrique*

Souleymane Bachir Diagne
Philosophe, professeur à la Columbia University, New York

Dominic Thomas
Professeur et chef de département de français et des études francophones, UCLA

Pascal Blanchard
Historien, documentariste, spécialiste de l'empire colonial français

François Durpaire
Historien, spécialiste des questions d'éducation et de diversité culturelle aux États-Unis

Rokhaya Diallo
Journaliste, réalisatrice, écrivain et militante associative française

Alain Mabanckou
Écrivain, professeur de littérature à UCLA et professeur invité au Collège de France pour l'année 2015-2016

Lydie Moudileno
Professeur, University of Pennsylvania, Philadelphie (États-Unis)

Abdourahman Waberi
Écrivain, professeur à George Washington University (Washington DC)

Dany Laferrière
Romancier, membre de l'Académie française

Maboula Soumahoro
Maîtresse de conférences à l'Université François-Rabelais (Tours), aux Bennington College et Barnard College-Columbia University (États-Unis). Présidente de l'association Black History Month

Gauz
Romancier ivoirien, auteur de *Debout-payé*

Dieudonné Niangouna
Dramaturge congolais

Lucy Mushita
Romancière zimbabwéenne

Sami Tchak
Romancier togolais

Marc Alexandre Oho Bambe
Poète slameur camerounais, Prix Paul Verlaine de l'Académie française 2015 pour *Le Chant des possibles* (Éd. La Cheminante, 2014).

Table

Penser

Écrire

RÉALISATION : PAO ÉDITIONS DU SEUIL
IMPRESSION : SOREGRAPH, À NANTERRE
DÉPÔT LÉGAL : FÉVRIER 2017. N° 134666 (15641)
IMPRIMÉ EN FRANCE